[加]摩根娜·迈克尔◎著　龚朝红◎译

重燃教学热情

教师走出倦怠的5堂必修课

江苏凤凰科学技术出版社·南京

From Burnt Out to Fired Up: Reigniting Your Passion for Teaching / Morgane Michael.

江苏省版权局著作权合同登记 图字:10-2024-158

图书在版编目(CIP)数据

重燃教学热情 : 教师走出倦怠的 5 堂必修课 / (加) 摩根娜·迈克尔著 ; 龚朝红译. -- 南京 : 江苏凤凰科学技术出版社, 2025. 7. -- ISBN 978-7-5713-5347-6

Ⅰ. G443-49

中国国家版本馆 CIP 数据核字第 20259JV361 号

重燃教学热情:教师走出倦怠的 5 堂必修课

著　　者	[加]摩根娜·迈克尔
译　　者	龚朝红
责任编辑	吴梦琪
责任设计编辑	孙达铭
责任校对	罗章莉
责任监制	周雅婷
出版发行	江苏凤凰科学技术出版社
出版社地址	南京市湖南路 1 号 A 楼　邮编:210009
编读信箱	skqsfs@163.com
联系电话	(025)83657623
印　　刷	溧阳市金宇包装印刷有限公司
开　　本	718 mm×1000 mm　1/16
印　　张	14.5
字　　数	230 000
版　　次	2025 年 7 月第 1 版
印　　次	2025 年 7 月第 1 次印刷
标准书号	ISBN 978-7-5713-5347-6
定　　价	60.00 元

图书如有印装质量问题,可随时向我社印务部调换。

谨以此书献给梅克娜和泰森：倾听你们内心的言语，相信你们有能力到达你们要去的地方。

致　谢

本书自构思以来，就一直受到许多人的帮助。他们帮助我们思考或反思相关问题。对此，我们深表感激，感谢他们鼓励我们尝试这一项目，并在我们遇到困难时给予支持，还不断提醒我们认识到这本书所具有的重要价值。感谢大家，你们是参谋，是首批读者，也是我们坚定的支持者。

这本书的问世，也离不开梅克娜和泰森，你们的降生让我的生活一下子改变了，变得更为丰富、更有深度。作为教师和母亲，我在寻找新角色定位的过程中，践行了人生的艺术——比完美更重要的是完成，同时我也认识到真实的脆弱之美。感谢这份馈赠。你们的好奇心、创造力和单纯的快乐，让我的生活变得更加美好。梅克娜，你有月亮一样宽大的心怀，而你的梦想只会更大；泰森，你满满的正能量极具感染力，请继续闪闪发光。

感谢杰夫，你教会了我这么多东西，你指引我步入成年；感谢你作为出色的家长一直陪伴着我。

我也要对我的妹妹凯利说，你给了我巨大的勇气和鼓励，你的肩膀是我强有力的依靠，谢谢你，你真是我的宝藏。

还有我的跨国好友们，如果没有那些在一起时的笑声和回忆、关爱和赠言，我现在都不知道会在哪里！距离永远不会让我们真正分开！乔迪，谢谢你每周一早晨六点的来电 TGIM[①]；比安卡，谢谢你富有同理心的倾听；梅根，谢谢你用自己的例子，激发我找到了真正的创造力；迪妮，你的力量和坚韧让我佩服，让我深受鼓舞；克洛，你给了我太多的灵感——你教会我如何真正地关怀他人；阿什利，谢谢你的笑声，你笑起来很有感染力。

感谢无所不能的智多星（丽莎、琳达、皮帕、克里斯汀），感谢你们的睿智建议，感谢你们在 Zoom（一款多人视频会议软件）上和我的交流。这些交流总是在我最需要的时候，给我带来愉悦、灵感和创造力。

感谢我团队里的姑娘们，谢谢你们的爱和建议，谢谢你们对我的照顾，谢谢你们给我带来那些美好的回忆。劳拉，谢谢你一直陪伴着我；卡莉，谢谢你，你总是能成为我的温柔依靠；托拉，谢谢你始终做到真实；金，我真的很喜欢你的坦率和善解人意；珍，谢谢你给我们带来欢乐！

我要对法学博士团队说，非常感谢你们的拥抱和笑声，特别是劳伦、特里什和萨拉。

感谢朱莉，感谢你坚定的支持，感谢你的观点，感谢你每次及时用问题把我解救出来。

我要对我的妈妈说，从我小时候开始，你就"点燃"了我，感谢你的养育方式。从你的眼里，我看到了自己的潜能，也发现了自信——做梦就要做大的，然后去不断实现。

凯西，感谢你一直以来对我的信任和倾听。

林恩，感谢你的支持，你提醒我偶尔放手也是可以的。

---

① TGIM，即"Thank goodness it's Monday"的首字母缩写，译作"谢天谢地，今天又是周一"。——译者注

我还要对所有收听播客“善见 101”（KindSight 101）和在照片墙（Instagram）、推特（Twitter）[①]、脸书（Facebook）上浏览的人说，我看到了你们，也看到了你们发的每一条信息和邮件。感谢你们给我的反馈，你们的信息给了我力量，也让我有可能和你们中的某些人见面。感谢你们相信同情心的重要性和这段旅程的意义。

我将永远感激塞思·戈丁（Seth Godin），是他给了我展示自己的第二次机会；他表里如一，真实而善良；他曾鼓励过数不清的人拒绝“被挑选的暴政”（tyranny of “picked”），学会“自我选择”。

感谢伊丽莎白·吉尔伯特（Elizabeth Gilbert），是她的著作《创造力》（*Big Magic*）触发了我的创造之旅，让我获得了重生。

我还要对沙拉·贾巴（Sarah Jubar）——我杰出的责任编辑说，你利用边注栏（sidebar）与我对话，在我的工作一团糟时温和地指点我，在我的工作顺利时又给予我强烈的鼓励。和你一起工作真是一件愉快的事情！

① Twitter 已于 2023 年 7 月 24 日更名为 X。

目 录

REFOCUS

第三章

重新聚焦：如何用意图来实现目标和梦想

RECONNECT

第四章

重建关系：如何提高你在生活中的社交品质

REVEAL

第五章

展现自我：如何将创造力作为人性的一种表达

引　言

九月的那个早晨，我第一次走进这栋充满霉味、摇摇欲坠的戏剧楼。我满怀期待，心怦怦直跳，指尖一阵阵刺痛。不知怎的，尽管这栋楼看上去很破旧，但八年级的我仿佛知道，这栋楼总有一天会成为我寻求安慰、表达自我的地方。

格雷厄姆先生是学校的戏剧老师，在进校之前就已经大名鼎鼎。他脾气古怪，老实说，还有点暴躁，是我见过的最奇特的老师之一。他好用比喻，操着一口刺耳的英国口音，吸着金边臣（Benson & Hedges）香烟，就像离教室门口几步远的一根烟囱。他穿各式各样的马甲，戴不同款式的围巾，而且它们都是专门定制的，以此来装点门面，结果被人说成是 20 世纪 70 年代我奶奶那种“烂到令人发笑”的锦缎窗帘和唐·切里每周在《加拿大冰球之夜》中浮夸打扮的混合体。他非常另类，当然不受校方的欢迎。不止于此，他还是个不守规矩的人，可学生们很崇拜他。

第一天，他宣布我们每一个人都要学变戏法。听到这个消息，大家都惊掉了下巴。接着，当他又要求我们背诵罗伯特·弗罗斯特的诗歌《未选择的路》，并且是在其他同学面前一边变戏法一边朗诵诗歌时，我们都差点摔倒在地。这样做真是胆大——要求一群激素旺盛的青少年去做一件连他们都害怕的事情——在同龄人面前来上一场一不小心就可能当众出丑的表演。我们觉得这是不可能的事情，我们绝对做不到。

“你们当然做得到，”他说，不动声色地指着我们，眼里闪着光，“你们可以试一下，要么成功，要么失败。就算失败，也要体面地失败！”然后，他会提醒我们，我们可以啥都不做（奇怪的是，并没有这样的人）。他还说，尝试后失败总比压根不去尝试要好。你知道吗？不知怎的，尽管我们惶恐不安，大多数人竟然做到了，这一点，连我们自己都非常吃惊。

现在回想起来，“虽败犹荣”的道理其实与西奥多·罗斯福的著名号召如出一辙:“重要的不是人家的评价……荣誉属于真正站在竞技场上的人，他的脸上沾满了尘土、汗水和鲜血；他努力奋斗……他知道，在最好的情况下，胜利是一种伟大的成就，而在最坏的情况下，即便他失败了，至少也是无所畏惧的失败。”（Thomsen，2003）

我小时候的家庭生活并不理想，就像许多有过创伤的孩子一样，我会带着自己沉重的经历去学校，尽最大的努力掩盖内心的痛苦。每当我感觉郁闷时，格雷厄姆先生总有办法让我找到归属感，即便我觉得自己格格不入。在读十一年级的时候，有一天我特别难受，在去戏剧楼的路上，垂头丧气，目光呆滞，情绪十分低落。当时正好是课间，格雷厄姆先生在一根接一根地抽烟。他叫住了我，让我在外面等他。等他再次开门出来时，他手里拿着车钥匙，递给了我。

“摩根娜，”他慢条斯理地说，“去兜一下风，没事了再回来。”

我松了口气，记得那时我在想：他的这个举动是多么充满善意啊！因为我知道，让学生驾车离开学校去兜风肯定不是哪个课程的内容，而且学校也不会同意这么做。可是，他还是让我觉得自己被重视了。我得以逃离学校的限制，在外面待了好久，整理我的头绪。

快毕业的时候，我给几位优秀教师写了感谢信。自然，格雷厄姆先生是我的首选。虽然我不记得信中到底写了什么，但我清楚我是用心写的。

毕业后，我们继续保持联系，经常去喝喝咖啡、叙叙旧。多年后，格雷厄姆先生突然打电话给我说：“我病了，得了癌症，已经是晚期了。”听到他的话后，我顿时觉得天旋地转。我张口结舌，脑子一片空白。

没过多久，格雷厄姆先生的身体就虚弱到无法出门了。有一天，他要我过去一趟。他剩下的时间不多了。他的太太在门口热情地迎接我，领着我穿过门厅来到卧室，格雷厄姆先生躺在那儿，四周全是枕头。走进他的房间之前，我朝右边看了看。我呆住了：就在门厅的墙上，挂着一个相框，里面装的是我毕业时写给他的感谢信。

小行为，大影响

格雷厄姆先生对我产生了巨大的影响，当我发现自己的毕业感谢信被挂在他家墙上的那一刻，我明白了自己说的那些话对他很重要。那个“我”真的很重要。我也意识到那个“我”很特别。从那天起，我开始相信，通过一些看似无足轻重的举动，我也可以对身边的人产生巨大的、积极的影响。小行为，大影响。从此以后，我知道，我想成为一名教师。

一次又一次，我目睹了日常细微的互动对学校文化产生的积极影响。这些积极的微小瞬间让我们的软技能（如人际交往、沟通和自我反省技能，这些技能使我们立足于职场并走向世界）得以活学活用，它们改变了一个人在学校的感受，也改变了其作为教师或学生的自我价值感。我们都经历过这样的场景：在“压力山大”的员工会议上做陈述时，同事的一个微笑或点头，就能让我们深受鼓舞。我们都深有体会，面对面的直接交流能多么有效地消除可能的误解和臆断，从而促进协作，解决问题。我们都曾发现，在某些时候，灵活安排的日程和任务让教师既能展现自身优势，又能相互学习。

通过挑战校园中已有的偏见，激发真诚的善意与爱心，就有可能营造出理想的学校文化，形成归属感和心理安全感，我敢说这是大多数教师、家长和学生都希望实现的一个大目标。当然，要建立强大的、具有心理安全感和归属感的学校文化，需要经过一点一滴的努力，“不积跬步，无以至千里”。塞帕拉和卡梅隆（Seppälä & Cameron，2015）指出，这些点滴努力能带来创新性的冒险，促进社会情感学习理念（Social-Emotional Learning，简称 SEL）的践行，还能让教师不仅感到自己为不确定的未来做好了准备，而且充分挖掘了自身的潜力。

然而，问题在于，如果教师压力过大、身心疲惫、不受待见，他们就很难全身心地投身于这些细微的努力。展示同理心和同情心是优秀的教学和人际关系建构的基石，但要做到这一点，我们首先要实现自我关怀。教师如果想有效地改变学生、改革学校，就应该先照顾好自己，从而让自己变得强大。

不堪重负的老师，本书专为你而写

你是否曾经渴望成为某所学校的一员，但这所学校最终让你彻底失望、幻想破灭？根据美国焦虑和抑郁协会（Anxiety and Depression Association of America，简称 ADAA）的报告，北美各地师生的焦虑和抑郁情况正变得越来越严重，更为糟糕的是，自杀率也在不断攀升。ADAA 报告显示，在普通人群中，大约五分之一的成年人患有精神疾病。至于教师，密苏里大学的赫尔曼（Herman，2018）的一项研究显示，93% 的教师深受与工作相关的压力的影响，这意味着我们是一群压力极大的专业人士。

引言

由于州和联邦政府联考的压力（尤其是在美国），许多教师正处于崩溃的边缘。社会要求教师付出得更多，甚至超出他们可以承受的范围。于是，他们觉得力不从心。许多教师有过创伤，且每天都在亲自经历创伤所带来的应激反应。还有许多教师正经历着二次伤害带来的影响，因为他们必须向那些有过心碎过往的学生提供支持。许多教师的教学工作没有受到充分的尊重，也得不到相应的报酬。他们努力帮助那些在课堂上失调（dysregulation）的学生，全身心地投入每一节课和每一次交流，但每次回到家中早已疲惫不堪。教师在一个破败的教育系统中工作，一方面要满足学生的各种需求，另一方面还要感到自己正发挥着积极的作用。要做到这一点，几乎不可能。

如果这些正是你的感受，那么这本书就是为你而写的。如果你曾质疑过自己作为一名教师的效能，那么这本书就是为你而写的。如果你曾在自己或身边人的生活中经历过不同程度的创伤，那么这本书旨在提醒你：你并不孤单，你能够找到休整和恢复的办法。如果你只是感到不堪重负，正在走向职业倦怠，那么这本书将激励你重新点燃热情，树立目标。

我希望通过学习自我关怀，创造有意义的关系以及增强目标感，帮助你培养积极的社会情感。我想让你能够把主要精力创造性地用于关心你的学生，并以一种有意义的方式出现在他们身边，同时又不影响你的健康和全心投入。我们将携手创建一个专门为你设计的计划或路线，从而让你重新迈向你一直向往的教师之路。

事实上，我们不能一直起早贪黑地干活，同时又希望时刻保持斗志昂扬。面对逆境，唯有坚强的韧性和乐观的精神才能让人振作向前。本书为教师和管理者提供了基于研究的各种策略，其目的就是帮助他们维持和恢复精气神。

章节概述

本书前五章重点讲述 5R 框架[①]，通过具体的基于研究的活动和实践，引导教师进行反思、重塑、重新聚焦、重建关系，直至展现自我。最后一章提供了具体而详尽的路线，用于帮助教师在整本书的阅读学习中建立并巩固自我成长。5R 框架从科学原则和实践中得到启发，这些原则和实践既与个人及职业幸福相关，也与社交、成就感相关，同时涉及美国学术、社会与情感学习联合会（Collaborative for Academic，Social and Emotional Learning，简称 CASEL）于 2012 年确立的社会情感学习五大核心能力，即自我意识、自我管理、负责任的决策、社会意识和关系技能。詹宁斯和格林伯格（Jennings & Greenburg，2009）进一步指出，教师的社会情感能力（Social-Emotional Competencies，简称 SEC）以及幸福感在很大程度上决定了他们营造积极的课堂环境的能力。想要营造一种具有响应性、激励性和滋养性的学校文化，教师须首先关注自己的快乐、创造热情和幸福感。

反思

作为教师，理解自己和反思自己的精神状态是完善自我的重要方面。在这个嘈杂的世界里，忙碌被视为地位的象征，在社交媒体上获得的点赞数量混充个人价值的衡量标准；在这样的环境中，为了检视自己的精神状态而放慢脚步，评估自己的需求和动机，并开展内在叙

---

① “5R 框架”由反思（reflect）、重塑（reframe）、重新聚焦（refocus）、重建关系（reconnect）和展现自我（reveal）五种策略组成，旨在引导教师缓解压力、减轻倦怠。——译者注

事，就显得越发重要了。

在第一章中，你在探索意向性自我关怀、反思性实践以及指向完善的感恩之余，将了解自我意识对教师的幸福感会产生积极的影响。你还将了解，在一个忙碌不停的世界里，采取具体的方法花时间完善自己，所带来的好处是有科学依据的。为了激发你的反思力，本章提供了三类策略：第一，五种正念意识策略；第二，一组自我关怀策略，如写下自我关爱人生清单（self-care bucket list）、幸福罐练习（happiness jar exercise）、引导式慈爱反思（loving-kindness guided reflection）等；第三，日志提示（journal prompts）。

重塑

即便在某些最不利的环境中，人们对教师仍抱有各种期待，希望他们灵活、积极，具有适应力和竞争力，博学而多才，不管情况如何，都能全力以赴地满足学生的需求。这些高期望带来的压力，加上日常生活中形成的个体压力来源，都可能对我们的幸福造成负面影响。复原力研究员兼教育顾问埃琳娜·阿圭勒（Elena Aguilar，2018）认为，对一个全身心投入的教师而言，复原力（resilience）是一种重要的素质。她断言，教学本身就是一种充满压力的工作，因此，教师若想成为学生的榜样，同时又能避免倦怠，便应致力于复原力的养成。在自我意识的能力范围内，我们必须腾出空间来审视自己的内在叙事（internal narrative），并重新建构它们，从而使我们获得从逆境中迅速恢复的能力。复原力的重点在于重构环境，同时做出必要的改变，从而使我们保持作为教师所需的积极、效能、健全和幸福等属性。

在第二章中，你将了解关于复原力益处的各种研究，以及如何采取重塑型思维模式。同时，你也将审视你作为教师的某些限制性信念

（restrictive beliefs）[1]。本章提供的策略有复原力日志练习，打造正念梵咒（positive mantra）[2]以重塑内在的自我对话，几个用于减少生活压力源的自我调节练习，以及给自己写一封充满力量的信，提醒自己具有力量、潜能和应对逆境的信心。

重新聚焦

在内心深处，我们都有着根深蒂固的梦想。总有一天，我们会好好审视自己的生活，以确定我们想要谱写怎样的人生。马修斯（Matthews，2015）指出，如果日常行动不具有约束性和连贯性，目标往往会导致我们滋生不满感并降低成功感。重新聚焦是你评估这些梦想、重新校准方向的能力，通过这种方式，你可以在个人的、职业的以及人际关系的层面，步入梦寐以求的生活，从而对自己在教学中的角色更为满意。你可能并不总是清楚要往哪里走，但你肯定可以把自己定位在正确的方向上，以发挥你的潜力。

在第三章中，你将了解有关自我管理、负责任的决策、目标设定，以及教师的内部及外部期望等方面的研究成果。你也将了解目标设定的九个步骤，着重了解成功实现目标的六个秘诀，并对信心圈（confidence circles）的概念（及其对教师的意义）进行讨论。本章提供了一些帮助你重新聚焦的策略：对未来愿景板的描绘练习、目标设定样板练习、帮助你克服拖延症的五秒习惯破解法，以及能使你的目

---

① 限制性信念，一种思考模式，这种模式并不属于童年形成的默认行为系统，却阻碍或限制了个人的成年生活（例如，“我要么做一份有意义的工作，要么做一份工资很高的工作，但鱼与熊掌不能兼得”）。——译者注

② mantra一词原为梵文，指印度教的经典祷文、符咒，在20世纪90年代晚期成为美国大众传媒，尤其是报纸杂志爱用的新词，意为“口号”“口头禅”或“呼声”。——译者注

标实现结果最大化、责任最大化的反思练习。

重建关系

人和人之间的互动，不管是积极的还是消极的，都可能会感染与之一起工作或学习的人。当我们全身心投入教育时，我们应倾向于更积极地互动，因为那样可以使我们与同事、领导、家长（当然还有学生）建立信任关系，构建里里外外的安全感，同时还可以使我们设立健康的边界，并进行换位思考。

利伯曼（Lieberman，2015）认为，从神经生物学的角度看，人类的“出厂设置”就是与他人进行关联。可是，这种用于保护我们的机制——比如想要适应环境或规避涉及风险的各种情况——现在常常不起作用了。不过，好消息是，只要我们有意识地去做，我们就可以突破这些过时的条条框框，成为现代社会中更加优秀的沟通者。既然我们把大部分时间都花在学校里，我们就应该努力把学校变成一个充满快乐的地方。在这里，人人都觉得有必要展示真实的自己，同时把我们当作给他人生活带来积极影响的人。

在第四章中，你将探究教师如何对所在学校的情感和社会环境做出积极贡献——具体聚焦于讨论如何培养社交意识和人际关系技能。你还将深入探究有关提升同事间的士气、营造并维系真实的关系、寻找归属感与建立信任感的重要性的研究成果。本章提供了一些重建关系的策略：几个和他人建立融洽关系的简单方法、一种抵制有害的教职工文化的练习、三种增进信任感和归属感的活动，以及在真诚待人的同时给予周围的人有意义的认可的训练。

展现自我

“哦，我没有创造力。”你是否经常听见有人像诉说科学真理一般笃定地否认自己的创造力？也许你也有过同样的毛病。更糟糕的是，你或许曾在你的孩子或学生面前透露出你认为自己缺乏创造力。其实，你所谓的缺乏创造力根本是无稽之谈。你之所以声称自己没有创造力，是因为这一机制能让你逃避可能的失败。

正如格雷厄姆先生所说，在通往成功的道路上，我们需要做好“光荣地失败”的准备。想要活得璀璨，我们就不可避免地要遭受失败的刺痛。诚如图赫（Tough, 2011）所言，失败是打开成功之门的钥匙。研究表明，为了让基于失败的迭代学习发挥作用，教师和家长应鼓励学生找出问题所在，并努力改进。根据法特尔（Fattal，2018）所载，哥伦比亚大学耐挫创新教育研究中心（Education for Persistence and Innovation Center，简称 EPIC）创始主任林晓东指出：“失败应给予人们一个重新安排和时间倒流的机会。”林晓东的主要目标是“帮助学生认识到失败是学习过程中的一个正常现象”（Fattal，2018）。

人生而具有创造力。然而，马西米利亚诺（Massimiliano，2015）指出，步入成年后，我们中的有些人失去了孩童时期的那种发散性（创造性）思维能力。对此，福加德（Forgeard，2015）认为，在日常的实践中唤起游戏感和创造力，是恢复教师的自我和幸福感的基本方法。神经学家丹尼尔·列维丁（Daniel Levitin）则于 2014 年指出：“创造性活动教会我们能动性，这是改变世界的能力，让我们能把世界建设成我们喜欢的样子，并对环境产生积极的影响。”换句话说，因为有了创造力，我们得以训练那些我们已有的技能，并用来树立自我意识，做出负责任的决策，进行自我管理，构建社会意识和建立关系——这些都是社会情感学习的重要领域，能够使我们——尤其是作为教育者的我们成为变革的推动者。

在第五章中，你将探讨心流（flow）的概念，同时了解创造力在学校（特别是对教师而言）的价值、完美主义、拖延症、阻碍创造力的某些常见因素，以及与他人分享创造力带来的变革力量等方面的研究成果。此外，本章还提供了一些用来培养创造性思维和促进创造性实践的具体策略，其中包括一种用以检测你的主要爱好的好奇心测试（curiosity audit）工具，一个用来提升同事间创造力的充满乐趣的即兴创作游戏，以及六个用来鼓励创造性冒险精神的个人挑战活动。

重新点燃

这世上，有很多很多像你这样的老师，他们投身于教育事业，希望能对世界产生积极而持久的影响。其实，你可以做到在努力持续改变的同时，依旧保持幸福感、价值感和投入感。你可以出类拔萃，同时不必筋疲力尽。

在第六章中，你会把在本书中做过的所有努力、练习、反思整合成可行的、个性化的重新点燃个人热情的路线，为你的未来铺路。这一路线将遵循 5R 框架。你将通过终结性提问、练习、日志提示以及反思机会，整合已完成的部分学习，并将其迁移到日后下一层次的学习，进而逐条探索 5R 框架的内容。这个框架帮助你通过灵活的方式聚焦每一条内容，要么以线性的方式一点点同时进行，要么不按次序地根据一个能引起共鸣的特定主题进行推进。这就是你的学习之旅。正如你从自己的学生身上所了解的那样，个性化学习和成长是成功最大化的最有效方法。重燃热情路线的获得，可通过每月和同事或团队成员召开读书俱乐部集会等方式实现。或者，你也可以和同事一起致力于专业学习，把讨论和团队反思融入工作，从而在一天内做完这五项的所有内容。你甚至可以在你的学区或网上论坛利用重燃热情路线发起相关教育话题。我希望你能每天、每周、每月甚至每年都能重温这项计划，从而校正你的行为，回归初心，成为你一直想要成为的那个老师。

章节特点

每一章都包含了与焦点主题相关的研究内容以及围绕该主题的有效策略，以点燃你的热情。此外，每一章还将提供教师、学生和课堂的实践案例，以帮助你踏上人生“点燃之旅”。

在这本书里，为了帮助你重新与你自己、你周围的人、你的目标以及你具有创造性的好奇心建立连接，我将分享来自我个人和一些教师的趣闻逸事及真实做法，这些教师都是曾到我的播客做客的教育者。领导力培训师、教师和演讲师艾琳·伯恩斯－扎尔（Ilene Berns-Zare，2019）曾说过：“如果有一个目标——不管这个目标是大是小，不管我们能否实现或者仍需为之继续努力——我们的存在就会显得非常重要，进而会影响我们的身心健康和整体幸福。”阿里木江等人（Alimujiang et al.，2019）同样指出，当我们透过快乐和创造力的视角关注自身的幸福与目标时，我们就能够更好地为他人提供服务，并践行我们所向往的人生。格雷厄姆先生告诉我，任何人无论年龄大小，都有能力对他人产生巨大的影响。他的话一直留在我的脑海里，不断提醒我作为一名教师所具有的潜力，也提醒我要有每天充分利用“微时刻”（micro-moments）的想法。现在，是时候开启全新的自我关爱模式了，是时候负起责任、调整目标、开启点燃之旅了。你将发挥你的潜能，成为一名变革型教师！

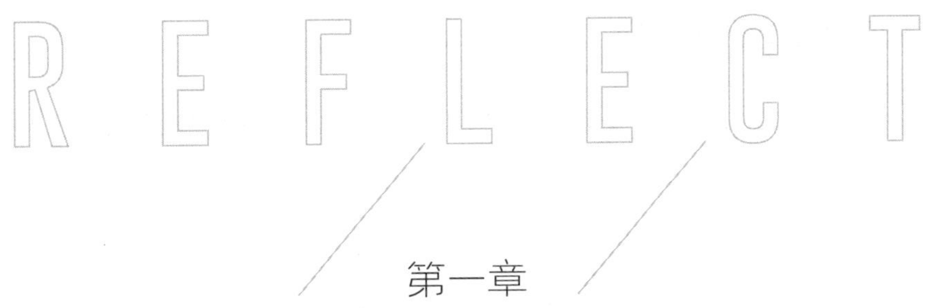

第一章

反思：如何倾听内心并自我检视

我们无法看到事物本来的样子，我们看到的是我们想要它成为的样子。

——阿纳伊斯·宁

为了向学生、同事和其他相关人员展现出耐心细致、全心全意的精神面貌，我们有必要致力于养成自我关爱的习惯，从而使自己能发自内心地做出奉献。要不然，我们会疲惫不堪。

在本章中，你将探讨有关反思的必要性的研究。你还将了解教师职业倦怠带来的不利影响，探究大脑是如何应对压力的，并揭开需求和情绪背后的科学真相。本章还包括用以培养自我关怀的三种基本方法，这些方法可以通过有意义的反思训练来获得。在本章的后半部分，你还将习得某些策略，从而将理论付诸实践，提升教师的正念与自我关怀能力，并重新点燃你对反思的热情。

关于反思的各种研究

问题往往决定了我们的生活质量、思维质量和教学质量。西蒙·西内克（Simon Sinek）于 2014 年指出："大多数组织或人群在思考、行动或交流时，往往是由外而内的，从'是什么'到'为什么'。原因很简单：他们先考虑清晰的东西，再考虑模糊的东西。我们通常说我们做什么，有时候也说我们怎么做，但很少会说我们为什么要做我们所做的事。"

就教育而言，我们往往从"是什么"开始。关于"教什么"，我们的课程提供了一个相当规范的路线。为了完成课程规定的任务，我们需要计划的第二步就是"怎么做"。这一点在教师培训行将结束时，我们都已经很清楚了。那么，该怎样讲述我们的内容？马特（Mart，2018）认为，作为教师，不管我们在方式和内容方面讲得有多好，衡量效果和热情的真正标准还在于我们的"为什么"。是什么原因让你天天在教室里做你在做的事？是什么原因让你选择教学作为职业？

你之所以成为一名教师，很可能是因为你有过像格雷厄姆先生那样积极的经历，或者是因为你有过与学校相关的负面经历，从而激励你想成为自己从未遇到过的那种老师。当被问及为什么要当教师时，85% 的受访者表示是因为他们想改变孩子们的生活。我敢打赌，许多人之所以成为教师，是因为他们想帮助孩子们兑现其独一无二的潜力，在不可预测、激动人心的未来做最好的自己。

尽管选择教师这个职业的原因多种多样，但不计其数的老师正因为身上的压力而备受煎熬。他们不知疲倦地教导学生，但许多人并没有成功践行自己的豪言壮语——相反，他们的热情正一点点消耗。不少教师选择彻底离开这个行业。根据宾夕法尼亚大学研究员加西亚和韦斯（Garcia & Weiss，2019）的相关研究，在北美，大约有46%的教师在其职业生涯的前五年就选择了离职，尽管当初他们是抱着让世界变得更美好这一无私而乐观的愿望而选择投身教育事业的。在Title 1项目[①]学校，这一比例可能要更高。尽管这是一份去创造、去改变的崇高事业，许多教师还是无法适应加诸他们头上的越来越多的要求，因而正一批一批地离开这个行业。图1.1是一张诊断清单，你可以用来检测自己是否正处于倦怠的状态，或者是否将要进入倦怠的状态。

- ☐ 你是否每天早上都觉得特别累，即便你睡了个好觉？
- ☐ 你是否需要很长时间才能完成一项简单的任务？
- ☐ 当你期待未来的一天，或者更进一步，未来的几周、几个月和几年时，你是否充满了恐惧？
- ☐ 你是否在工作或个人生活中感到过度劳累和不知所措？
- ☐ 你是否容易生气或经常暴躁？
- ☐ 你是否经常请病假或者想办法不去上班？
- ☐ 你是否在工作和个人生活中缺乏动力？
- ☐ 你是否很难找到自己的热情、目的以及更大的生活目标？
- ☐ 你是否在回避那些曾在工作和个人生活中给你带来快乐的事情？
- ☐ 你是否被生活中的责任压垮了？

图1.1 “我是否正走向倦怠？”诊断清单

① Title 1项目是一项美国联邦政府援助项目，旨在为教育和经济尚处于不利地位的儿童提供援助，以确保他们接受公平、高质量、全面的教育，并达到具有挑战性的州学术标准。——译者注

令人欣慰的是，研究表明，对当前的情绪状态进行反思，加之适当的自我关爱，可以帮助教师减轻职业倦怠的影响。埃米莉・纳戈斯基（Emily Nagoski）和阿梅莉亚・纳戈斯基（Amelia Nagoski）在她们开创性的著作《倦怠：解锁压力循环的秘密》（*Burnout: The Secret to Unlocking the Stress Cycle*，2019）中断言："情绪衰竭，即疲倦感，与内外部持续的压力源有关，是导致从事助人行业（比如教学）的人们产生倦怠的首要原因。"

因此，为了对抗这种职业倦怠的影响，我们首先需要反思自己的情绪状态。然后，我们就可以像一个人穿过隧道抵达尽头那样，历经那些艰难的情绪，最终看到光明。她们进一步指出，情绪之所以出现衰竭，是因为个体停留在怨恨、伤心、无助、绝望、悲痛或愤怒等情绪上，并陷于当时的情境而不能自拔。

从我个人的经验来看，引起教师倦怠的主要因素有两个：

1. 缺乏充分的社会情感学习训练。

2. 存在主要压力和次要压力。

在后续章节中，你将认识这些因素对教师的影响，同时了解关于教师如何进行自我关爱和反思的研究成果。

社会情感学习的悖论

教会儿童进行社会情感学习是我从事教学的原因，也是我们在课堂上能做的最重要的事情之一。通过社会情感学习，教师努力让学生变得灵活变通，能管理他们复杂的情绪，设定目标，做出有效的决定，并培养积极的人际关系（CASEL，2012）。

然而，问题是，作为教师，我们中的许多人不太擅长把社会情感学习运用到自己的生活中。这一不争的事实可能会损害教学效果，甚至会对我们自身的健康产生负面影响。尽管强制性的社会情感学习项目已被证明是有效的（CASEL，2012），但最终还是教师个体掌握了关键。他们在教室的四方之地，通过积极示范社会情感软技能，让学生为未来做好准备。回想一下，这样的软技能包括我们在批判性思维、问题解决、社交互动、领导能力、专业精神、职业道德和自我意识等方面能够成功培养的能力。正如社会情感学习专家金伯利·舒纳尔特－赖希尔（Kimberly Schonert-Reichl，2017）所言："教师是驱动学校和班级社会情感学习项目及其实践的引擎，他们自身的社会情感能力和幸福感强烈地影响着他们的学生。"

不幸的是，尽管我们努力向我们的学生传授社会情感学习，但在我们自己的生活中，我们常常无法使用同样的自我关爱和社会情感能力。达林－哈蒙德（Darling-Hammond，2001）指出，压力与情绪胜任力匮乏是引发教师对职业不满意并产生离职倾向的首要原因之一。科勒和伯特尔（Koller & Bertel，2006）的研究表明，事实上，第一年从教的教师往往对课堂的实际情况准备不足，无法认识到自身的焦虑和抑郁等心理健康问题。

压力带来的高昂代价

压力是教师选择离开教学岗位时最常提到的原因——换句话说，就是倦怠。美国教师联合会（American Federation of Teachers，简称AFT）2017 年的一项调查显示，61% 的教育工作者说他们的工作总是或经常充满压力，超过 50% 的人表示自己已失去投身教育之初的热情。持续的压力会导致职业倦怠。正如工作压力和职业倦怠专家克里斯蒂娜·马斯拉奇（Christina Maslach）所说，倦怠是"一种心理综合征，是对工作中长期人际压力的持续反应"，同时马斯拉奇和莱特（Maslach & Leiter，2016）的研究表明，倦怠还"会导致疲惫、愤世嫉俗、冷漠、低效、缺乏动力"。

共情痛苦

“共情痛苦”（Empathic distress）是由佛教导师和医学人类学家琼·哈利法克斯（Joan Halifax，2018）创造的术语，指的是因他人的痛苦而产生的自我反应，以及对摆脱导致该痛苦的任何事物的渴望。罗贝尔（Wróbel，2013）指出，有时候，如果教师压力过大，或者意识到自己无法对学生或同事的困境产生积极影响，共情痛苦也会导致倦怠。如果学生在生活中遇到创伤，而我们帮助他们的能力以及结构性支持有限，也会让我们心生倦怠和共情痛苦。

“我感到很痛苦。”加利福尼亚大学洛杉矶分校教育学教授丽贝卡·阿尔伯（Rebecca Alber）告诉我，在她刚当老师的头几年，她教的孩子经历了各种各样令人心碎的故事，导致她本人也受到了二次创伤，为此，她不知所措。对此，学者迈克尔（Michael，2018d）有着类似的描述：“我们可以提供……一个让学生们感到安全、被需要、被重视、被接纳和被爱护的空间。在那里，他们可以卸下防备。可即便如此，作为老师的我们又该作何感想？束手无策？希望渺茫？焦灼不安？我只能回家，可到了周日，我又会牵肠挂肚，想去看看那些在寄养中或者生活在一个他们感受不到爱的家庭里的孩子。”

阿尔伯承认，在能力范围内，她唯一能够提供给这些孩子的，就只有自我关爱和自我关怀，而她自身也有局限。现在，她鼓励自己项目中的教师在经历二次创伤时，通过自我关爱、自我关怀以及明确的界限来管理某些压力源。在本章的后续部分，我们将探讨一些具体的反思和自我关爱实践，从而帮助你重新变得元气满满。

压力的复合效应不仅会影响教育者的职业生涯和产生积极作用的能力，还会对其心理健康带来毁灭性的打击。米勒和麦高恩（Miller & McGowan，2014）指出，作为可亲可信的成年人，我们的存在会对学生的生活运转起到强大的预示作用；但如果我们自己正经受着压力，就很难为他们提供情感上的支持。科恩、贾尼基－德威茨和米勒（Cohen，Janicki-Deverts & Miller，2007）则指出，长期承受负面压力也会损害教师的健康，甚至超过吸烟、饮酒和缺乏体育活动所带来的已知风险。科恩、斯拉文奇等人（Cohen et al.，2007；Slavich，O'Donovan，Epel & Kemeny，2010）的研究更表明，压力始终与不良的身心健康状况相关，如抑郁和焦虑。

当前，在北美，焦虑、抑郁和自杀率引起了人们的关注。根据美国国家心理健康研究所（National Institute of Mental Health，简称NIMH）2021 年的研究数据，超过五分之一的人患有精神疾病。美国信诺集团（Cigna，2020）近来的报道指出，超过五分之三的美国人认为自己十分孤独。此外，自杀是北美 10—34 岁人群死亡的第二大原因（NIMH，2021）。是时候重视教师的福祉了——我们的生活真真切切地需要幸福。

六种普遍存在的情感需求

大多数教育工作者可能都很熟悉亚伯拉罕・马斯洛于 1943 年提出的需求层次理论。该理论认为，为了在社会中发挥作用并过上成功的生活，人必须按照等次满足五种关键需求。首先需要满足的是生理基本需求，其次是安全需求，再次是对归属感和爱的需求，接下来是尊重（得到信任、受人尊重和获得自由）和自我实现（成为最真实的自己）的需求。

尽管我理解 20 世纪 40 年代就问世的这一理论的重要性，但经常令我困惑的是，人们一方面创造了美好的、表现自我的创意作品，另一方面还在为他们的基本需求以及归属感的缺乏而苦苦挣扎。我不是唯一对此感到惊讶的人。心理学家路易斯·泰（Louis Tay）和埃德·迪纳（Ed Diener）于 2011 年指出，动机是一种多元的行为。尽管一个人较低级的基本需求还没有得到满足，但他仍有可能想方设法地去追求更高级的需求。于是，我不禁思考：是什么激发了我们的行为？

根据世界著名的家庭治疗师克洛·马达内斯（Cloe Madanes，2016）的研究，有六种普遍存在的情感需求在驱动着我们的行为，塑造着我们的个性。人类的行为由他们对以下方面的内在需求所决定：① 确定性；② 不确定性；③ 重要性；④ 归属感；⑤ 成长；⑥ 奉献。人们可以通过积极、中性或消极的方式来满足这些需求。通常，我们会优先满足其中的一两个需求。了解你与这些需求和相应行为之间的关系，可以帮助你更好地做出决策或者采取行动。有了自我反思以及对上述关系的清晰认识，你就有可能做出正确的选择。我们许多不恰当的行为，都源于自己的情感需求无法得到满足（Madanes，2016）。

确定性

在冒险和生活的过程中，我们认为必须要有安全感。当这种确定性受到威胁时，人们会发挥自身的力量，影响局势，以确保人为的可预测性的存在。

例如，在 2020 年整个春季的在线教学以及同年秋季恢复课堂教学秩序方面，我感到自己需要在一个非常不确定的时期创造确定性。我的许多行为，包括清单的制作、严格的日程安排、组织工作，以及各种信息的查找，都证明了我试图满足未被满足的对确定性的需求。

不确定性

那些在生活中追求不确定性和多样性的人，其实都在寻求不可预知的结果。通常，他们是寻求刺激的人，一旦需要独立思考或者迅速反应，就会变得兴奋不已。我们有些最难忘的经历，可能就来自那些打破常规和惯例的事件。想想那些不知道会惹出什么事情的学生，那些班上的“活宝”和“捣蛋鬼”，他们往往不安分守己，不喜欢安安静静地待在教室里。即使是那些管教最严格、最循规蹈矩的教师，也会在他们的生活中寻求变化。比如说，在夏季的那几个月里，我喜欢逃离学校僵化的日常工作——至少几天吧——无拘无束，在海滩上和孩子们玩，或者不做明确的行程安排便去某个陌生的地方旅行。生活因为变化而让我们有了一种兴奋感，同时也带来了一种令人愉悦的不可预测性。

重要性

那些寻求意义的人需要感到自己的独特和重要。他们感觉自己的工作是重要的，希望自己的存在有价值，想要被看到。通常，只要有人认可，他们就心满意足了。教师经常在课余花大量时间来批改作业、辅导学生、准备教案、教学研讨，从而为学生创造良好的学习机会。大多数人这样做并非为了得到喝彩，但当付出的努力被人认可时，我们还是会感到欣慰的。

归属感

艾森伯格与科尔（Eisenberger & Cole，2012）指出，通常情况下，因为希望有归属感，希望与他人建立联系，我们会想方设法让这种关系或交往变得物有所值。目前的研究表明，从神经生物学的角度看，我们可能天生需要归属感，天生需要与人建立联系。受其驱使，人类须通过融入社会来寻求接纳；而且，当他们这样做的时候，大脑的奖励回路也会释放幸福激素和多巴胺，从而强化这一点。布琳·布朗（Brené Brown）在 *Braving the Wilderness*[①] 一书中说道：

> 真正的归属感是一种精神实践，你是如此坚信并从属于自己，以至于可以与世界分享最真实的自我，既能视彼此为事物的一部分，又可在荒野中各自孤独，并均能从中发现神圣感。真正的归属感并不需要你改变自己，它需要你成为你自己。

对教师而言，拥有归属感就像找到了一个真正懂你所想的人、一个能一起吐槽、放声大笑的同事。拥有归属感就仿佛走进一所新学校，所有的同事和领导都在欢迎你。当发现自己的才智被学校里的人所欣赏、所尊重，你就会有一种真正的归属感。有了归属感，我们就会在“压力山大”的会议中表达自己的声音，就会发自内心地融入这个集体，无须忧心难以适应。

成长

芬克（Fink，2013）认为，人都有成长的需求，都想在自己的生活中取得进步。比如说，很多教师都希望不断学习，不断创造，努力掌握课程内容，并找到与学生建立联系的新方法。然而，根据莫勒等学者（Moeller et al.，2011）的研究，有时候，追求宏大目标也存在不利之处，那就是牺牲了我们急需的休息时间和健康习惯。

---

① 该书的简体中文版于 2019 年 9 月由中信出版集团出版，译名为《归属感》。——译者注

奉献

大多数人选择进入教师这个行业，是出于对周围的世界产生积极影响的愿望。在格兰特（Grant，2013）看来，尽管奉献无疑是最重要的软技能之一，与沟通、协作和职场成功密切相关，但我们很容易忘记给予自己一些关怀。

如何关注自己的需求，是自我反思的一个难点。为了认清自己，我们需要反思自己所感受到的复杂情绪，尤其是觉得自己行将崩溃时。作为教育工作者，我们应该在业余时间创造反思的空间——哪怕一天只有几分钟——以便了解自己，活得明明白白。

情绪反思的空间需求

要想给自己创造一个反思的空间并非易事，特别是那些无私奉献、在他人身上投入大量时间的教育工作者，更需要留出一小部分时间来进行内省和反思。正如我们所知，教师和服务行业的工作人员（包括护士、医生和教辅人员等）经常会遭遇情绪性疲劳（emotional fatigue）[①]。之所以产生这种疲劳，是因为他们要抵挡职业和个人生活中的各种极端压力（Nagoski & Nagoski，2019）。对情绪进行反思，可以让我们意识到这种疲劳的存在，这反过来又使我们得以有意识地进行情绪抽离，而不是沦陷其中（Nagoski & Nagoski，2019）。沦陷在某种情绪之中，可能会导致倦怠。因此，对情绪的反思以及自我意识能够帮助减少倦怠发生的可能性，从而避免它对我们产生深度的影响。以下是你可以在日常生活中创造反思小瞬间的简单方法：

---

① 情绪性疲劳是指由于长期的精神紧张、反复的心理刺激及恶劣情绪影响，使身体出现疲劳感。——译者注

- 散散步
- 比平时早起五分钟
- 比平时早几分钟入睡
- 早晨淋浴时多花点时间反思
- 午餐时设置三分钟的反思时间

对情绪的关注和反思，其重要表现是你有能力去发现、去命名、去观察我们所经历的一些复杂情绪，而不掺入个人的判断。我们的感受向我们传递着重要的信息。如果不能有意识地忽略生活中那些象征性的噪声并且安静下来，我们就很难真正明白，我们的感受到底想要向我们自身和内心状态传达什么信息。有些情绪比其他情绪更容易识别和接受，但所有人都体验过每一种普遍情绪的某种形式。它们包括：

- 快乐
- 高兴
- 悲伤
- 哀痛
- 愤怒
- 失望
- 恐惧
- 兴奋
- 内疚
- 羞耻
- 感激

我们的情绪可能非常复杂。例如，布拉克特（Brackett，2019）指出，高兴可能是最积极的情绪之一，但你很难去拥有它。因为刚刚签署了新的教学合同，获得了专业证书，又完成了一年的教学任务，与校长或者难缠的家长进行了一次有意义的互动而心生喜悦，这些情况有多常见呢？此时会不会有一个纠缠不休的声音悄悄低语，提醒你不要高兴得太早，小心乐极生悲？

悲伤和哀痛可以加深我们对他人的理解和同情，并让我们自己的生活变得丰富。但这些不是人类主动去追求的情绪。克罗斯、伯曼等（Kross，Berman et al.，2011）指出，在社交中受人排斥、感到悲伤以及经历哀痛，其实也会给我们带来和身体疼痛程度相同的苦恼和不适。

库恩（Kuehn，2013）认为，西方文化中往往不谈论悲伤和哀痛，因为它们是社会禁忌。在记者芭芭拉·普拉特克（Barbara Platek）2008年所做的一次采访中，心理治疗师兼作家米里娅姆·格林斯潘（Miriam Greenspan）断言，人在经历哀伤时会发生一种神秘的变化，从而使得我们心甘情愿地被撕裂，并在这段哀伤的经历中重新塑造自我。她说："哀痛是老师，它会告诉我们，我们并不孤单，我们相互关联，而连接我们的同时也让我们支离破碎——这便是真相。"（Platek，2008）尽管任由悲伤与哀痛在身上掠过会让我们无比痛苦，但是，顺其自然地让悲伤潮涨潮落，也许是我们从困境中恢复过来的最好办法。

恐惧也是一种复杂的情绪。从进化的角度看，恐惧向我们发出了保持安全的信号，并调动我们的边缘系统[①]释放肾上腺素，进入反击、逃避或不知所措的状态（Brackett，2019）。如果我们不会恐惧，

① 边缘系统是大脑的一组皮层下结构，包括下丘脑、海马体和杏仁核等，主要与情绪和动机有关，可以不经大脑，直接指挥由情绪产生的身体反应。——译者注

就不会制订课堂安全守则和各种常规，也不会在野营时携带急救箱，更不会同家长和领导一起进行自我审查，不用焦急地在操场上监管学生——但现在恐惧并不总是对我们有利。罗森和唐利（Rosen & Donley，2006）指出，恐惧通常是非适应性的，因为它会阻止我们去做那些能让我们在现代世界取得成功的事，比如面向大众进行演说，在人群中脱颖而出，在工作中创造性地冒险。格罗斯（Gross，2015）则指出，从生理上看，我们的身体对恐惧和兴奋的处理方式是一样的。将恐惧看作兴奋，是重新定义恐惧性焦虑的一个有效方法。

愤怒也是一种很难处理的情绪。最近，我和一个朋友聊天，她是一位教师，也是三个孩子的母亲。她坦言："在我有自己的孩子之前，我真的不是一个易怒的人。早上，当大家都在手忙脚乱时，孩子们的那种尖叫声，一下子就惹恼了我。"她告诉我："早晨上班路上或者夜里睡觉前，我都会忍不住冲孩子大喊大叫，这真的让我感觉很糟糕。有时候，我的容忍度很低，特别是在紧张焦虑时。"通常，我们之所以感到愤怒，是因为相信自己受到了不公平的对待，或者受了委屈（Brackett，2019）。对许多家长和教师来说，每天担负的责任使得他们不堪重负，深感不公，于是就引发了愤怒的反应。这种持续的愤怒情绪，可能是我们走向倦怠的一个迹象。

内疚和羞耻这两种情绪比较复杂，令人惊讶的是，它们导致的结果恰恰相反。当然，这取决于对实际情形的分析。假设你和你的同事正一起准备学校里的一个专业发展研讨会，你们都在非常努力地准备汇报展示。你负责准备幻灯片，结果你忘了把文件保存到电脑里。同事对你很失望，也很沮丧，因为没有幻灯片，汇报展示就会泡汤，别人也会觉得你们的表现差劲，似乎没能做好准备。

根据布琳·布朗（Brown，2010）的研究，你可能会以两种方式来应对这种困境：要么觉得很羞耻，要么觉得很内疚。如果你感到羞耻，你第一个反应就是你是个“坏人”。你可能会对自己说：“我是史上最糟糕的共事者。我真没用，连备份文件都会忘记。”羞耻意味着深信“我不好”。羞耻关注的是自我，会让你觉得自己天生有某种问题，从而无法获得归属感（Brown，2010）。事实上，自我对话真的很重要，能框定我们在各种关系中游走的方式。羞耻与好斗、成瘾、抑郁、自杀、欺凌乃至饮食失调都高度相关。

不过，如果你的反应是“我没做好”，那你感到的就是一种内疚。内疚关注的是行为，而不是一个人固有的性格和特征。瓦因加登、伦肖等学者（Weingarden，Renshaw et al.，2016）认为，内疚是一种在不自我贬值的前提下区分自我与行为的能力。如果你像这样自言自语：“哦，天哪，我真不敢相信那是我做的。太可怕了，我怎么会糟糕到没有备份文件！”那么，你感到的是内疚。你能够分得清包含在你的经历和错误中的共通人性。内疚与这些共性的结果呈负相关（Brown，2010）。关注行为对我们的心理健康有利，即便是拿自己开玩笑。

对情绪进行反思，可以使你对自己的内心状态做出判断，能帮助你确定接下来在幸福之旅中的需求和方向。事实上，我们不可能一直感到快乐。情绪可能会变得混乱不堪或者难以理解，但是，想要了解你自己，最重要的事情之一就是熟悉你所有的情绪，不管你喜欢不喜欢它们。正如丹尼尔·西格尔（Daniel Siegel）所指出的，一旦遇到棘手的情绪，你只能先“说得出”，再让它“听得进”。

反思你的情绪

每天花点时间来说出你的感受，甚至可以是每天多次。你可以设置闹钟，一天三次，以养成深刻反思的习惯。如果觉得经常这样做有点怪异，不妨问自己以下三个问题，并在日志上写下你的回答。

1. 我此刻能感受到什么样的情绪？
2. 我身体的哪个部位感受到了这样的情绪？
3. 我此刻需要做什么？

自我关怀的三个秘诀

全身心地投入教育者这一角色中，可以降低倦怠带来的不利影响。要做到这点，你一开始就得具有自我反思、接受自我情绪的能力——不管这种情绪是好的还是坏的。反思和自我意识能够形成自我关怀的习惯，并且能够让你说出你所感受到的情绪。

根据著名的自我关怀导师及研究者克里斯汀·内夫（Kristin Neff，2021）的说法，自我关怀意味着“你意识到痛苦、失败和不完美是人类共同经历的一部分”。自我关怀主要有三个组成部分。首先，自我关怀始于强烈的正念意识，能识别并注意自身的内心状态，尤其是在痛苦和压力中。其次，自我关怀会让你放下评判，接纳自己，并对自己表现出无条件的善意。最后，当你处于生命中最艰难的时刻，自我关怀能让你认同人的共通性，而不是转向内心，将自己封闭起来。

从科学的视角看自我关怀的益处

自我关怀在生理和心理上有诸多益处，包括如下几点（Neff，2011）：

- 总体感觉健康
- 减少焦虑、抑郁和压力
- 增强幸福感、好奇心、乐观态度、创造力和积极性
- 改善身体健康
- 降低细胞应激反应
- 降低皮质醇[①]（压力）水平
- 更健康的心率
- 改善人与人之间以及工作上的交流互动
- 减少对失败的恐惧
- 更加动力十足
- 在压力状态下缓解紧张
- 提高复原力

培养正念意识

在训练正念意识时，我们会静观自身的精神状态，不做任何判断，也不会对自身的信念和当下的感受做过度个性化的解读。卡达乔托、赫伯特等（Cardaciotto，Herbert et al.，2008）指出，正念的训练是我们调整和了解自己的动机、想法、信念、个人叙事以及欲求的

① 皮质醇是肾上腺分泌的一种激素，与应激反应有关，受到惊吓、有压力或紧张时，皮质醇水平会升高。——译者注

最佳方式之一。这是一个看似简单却又有挑战性的概念，把它看作一种习惯，而不是目的，如此它才会发挥作用。

善待自己

想要对他人表达同情，我们必须先有能力用同情心来对待自己（Neff，2011）。当你陷入困境或苦苦挣扎时，你是否会像对待朋友或班上的孩子那样对待自己？

当我们遭受痛苦，自认为失败，或者以为自己不够好的时候，如果能对自己表现出友善和理解，我们就能更加适应生活的混乱，而不会被消极的自我暗示束缚（Neff，2011）。只要真正地生活在一种丰盈的心态之中，我们就能够克服生活带来的挑战，但这首先需要我们温柔地对待自己，全新出发，而不是成为最喜欢挑自己毛病的人。

认同人的共通性

作家、非营利组织正念自我关怀中心（Center for Mindful Self-Compassion，简称CMSC）的联合创始人克里斯汀·内夫（Neff，2021）认为："自我关怀就是意识到痛苦是人类共同经历的一部分。我在艰难时期感受到的痛苦和你在艰难时期感受到的痛苦是一样的。触发痛苦的因素不同，产生痛苦的环境不同，痛苦的程度也不同，但痛苦的基本体验却是一致的。"在痛苦中的孤独感也加剧了我们的痛苦。

通常，我们在挣扎的时候，可能会陷入比较痛苦的行为中，即将自己的痛苦与他人的痛苦进行比较，并武断地做出评价（Neff，2011）。譬如，在年初，你通常会把你班级的情况与同事班级的情况进行比较，并记录下两个班的学生数量。许多人在年初都感到自己准备不够充分，尤其是在浏览社交媒体后——我们很容易陷入这种负面循环中，将自己的努力与另一位老师精心策划的出色成果进行比较。在成绩汇报过程中，我们也很容易将自己的成效低下与同事进行比较，每个人都在努力争夺“顶级拖拉者”的头衔。抱怨并不能改变现实——抱怨一时爽，却往往起到反作用。承认困难本身是可以的，但我们不应该在困境中打转太久。在生活中，当面临艰难时，我们有两种选择：① 采取行动，尽可能地去改变；② 学会接受那些我们无法改变的事情。通过提醒自己可能还有人处于类似的情况中，我们能够获得对自身处境的新的视角，进而认识到人的共通性。此外，向配偶抱怨与他人相比自己在工作与生活上的失衡，很少能引起共情并得到建设性回应。痛苦不应该拿来衡量或比较，这样做只会让我们与他人进一步疏远。认识到痛苦的共性，会让我们认识到人的共通性，并承认自己对治愈性交往（healing connection）的需要。

如果你想要与人的共通性建立更深层次的联系，不妨问问自己以下几个问题：

· 我的挣扎有没有可能与别人如出一辙？相同点在哪里？

· 当下的挣扎如何帮助我获得更强的同理心或更广阔的视角，或帮助我学到宝贵的经验，以便日后同他人交往时加以应用？

· 我如何才能将当下所经历的挑战看成是生活不完美甚至乱七八糟的一面？

· 我该如何依靠他人的帮助度过眼下的困境，并且让自己感到与社区、家人、社交网络和朋友更加紧密相连？

不要因为相信自己身上存在着根本性的缺陷而孤立自己，我们应当正视人的共通性，接受自己的缺陷，唯有如此才会对我们有所帮助。

感恩的力量

感恩是我们最有效、最强大的情感之一。多项研究证实了这一点：兰迪·R. 桑森和洛丽·A. 桑森（Sansone & Sansone，2010）指出，当我们持续践行感恩时，我们会体验到许多身体上的好处，如免疫系统的增强和压力症状的降低；甘怡群（Gan，2020）则指出，践行感恩同时还会带来心理上的好处，比如更加开心、积极，并有整体上的幸福感；兰伯特等人（Lambert et al.，2010）通过研究证明，感恩能带来许多社交上的好处，具体表现为行为更具有同情心、对消极情况会进行更有益的重新定义、孤独感更少。当我们停下来，留意那些美好的事物，并欣赏那些我们往常认为理所当然的东西——比如水、食物、住所、家庭、友谊以及每天的安逸生活——的时候，我们会明白，生活可以是美好的。

根据感恩领域卓越研究者罗伯特·埃蒙斯（Robert Emmons）、杰弗里·弗洛（Jeffrey Froh）和瑞秋·罗斯（Rachel Rose）于2019年发表的研究成果，感恩意识主要由两部分组成。第一个组成部分是承认善意的存在。我们可以看到，生活中尽管存在着艰难与困苦，但依然有一些值得感恩的事。作为一名小学教师，尽管在结束了一周的忙碌之后会感到精疲力尽，但我还是因能和孩子们在一起而感到幸运，他们用自己独特的视角去了解这个世界。感恩的第二个组成部分是认识善的根源或来源。这让我想起自己在第一次学习某些知识时就能感受到的那种近乎神奇的魔力，因为我每天都能在课堂上目睹这种魔力，它积极地影响了我对课堂的看法。肯定了善的源头，能让我们以一种深刻而有意义的方式重新回归到人的共通性之中。

切可夫斯基和沃克（Cherkowski & Walker，2013）认为，心怀感恩、身体力行，是我们在生活中为获得快乐而采取的最有益的行为之一。阿克曼（Ackerman，2021）同样指出，与自我关怀相似，无数的研究证实了感恩的好处，比如能通过增加整体幸福感、生活满意度以及对当前环境的满足，给那些常怀感恩之心的人带来方方面面的生理益处。豪厄尔斯（Howells，2014）相信，对教师而言，培养感恩之心尤其显得重要，因为它有助于我们对学生保持乐观、积极的态度，即便我们在课堂内外可能会遇到许多困难。积极的心态不仅能使我们个人感到更加快乐，学生也能从滴漏效应（trickle-down effect）①中受益（Howells，2014）。不幸的是，当下存在着一种“感恩缺口”（gratitude gap）。据巴萨德和吉布森（Barsade & Gibson，2007）统计，平均而言，仅有 52% 的女性和 44% 的男性在平日里践行感恩。

如何激发你的反思力

这一节包括几个正念意识策略，一系列践行自我关怀的练习，以及三则日志提示，从而帮助你挖掘你身上所具有的人的共通性。

正念意识策略

正念意识使你能够以不加评判的态度对周围的环境、情绪和状况进行反思。由于采取了更加超脱的视角，你会以一种更深刻、更克制以及更审慎的方式应对生活。

① 滴漏效应，又译作涓滴效应，经济学术语，指优先发展起来的群体惠及贫困阶层；此处引申为教师充满快乐，学生也能从中受益，变得快乐。——译者注

本节包括如下几个正念意识策略：

- “五、四、三、二、一”着陆技术（grounding）[①]
- 做三件善事练习
- 反思性计数策略
- 探索环境练习
- 引导式感恩训练

“五、四、三、二、一”着陆技术

这种着陆技术利用五种感官来帮助人们感知当下。娜佳维茨（Najavits，2002）指出，在你感到有压力或不知所措时，这个策略就会很有帮助——甚至没人会知道你在做什么。通过鼻子深吸一口气，然后从口中呼出，开始下述的六步过程。重复三到五次，直到你的身体感到些许平静和内核稳定。

1. 看： 环顾四周，找出你能看到的五样东西，并说出它们的名称。

2. 摸： 用身体去触摸，并想出你可以摸到的四样东西。

3. 听： 花几秒钟时间让自己去听并识别出三种声音。

4. 闻： 找到两种不同的气味，并沉浸其中。如果很难做到，就四处走走，或者凭记忆说出你最喜欢的两种气味。

5. 尝： 说出一样你可以尝出味道的东西，也许是刷牙时的牙膏，也许是午餐后的薄荷糖。如果你什么味道都尝不出，那就说一样你最想尝的东西。

6. 呼吸： 再深呼吸一到两次，结束这个练习。

---

① 着陆技术，即通过帮助个体转移注意力到外部世界来缓解和远离负面感受，起初用于治疗有创伤后应激障碍的个体，实则适用于所有有焦虑、恐惧症状的个体，也可以帮助个体摆脱情感痛苦。着陆技术通常有精神着陆、身体着陆和抚慰性着陆三种类型。——译者注

做三件善事练习

积极心理学的创始人之一马丁·塞利格曼（Seligman，2011）提出了这一富有深意的感恩和正念策略。卡普托（Caputo，2015）从神经科学的角度指出，这一四步策略有多重好处：感恩让你进行自我反思，也训练大脑每天去发现生活中的美好，还能提高整体幸福状态。在科学面前，你总不能随便反驳吧！

1. 每天晚上上床前，花五分钟左右的时间来反思你的一天。

2. 回顾一下今天发生的三件善事。

3. 在日志里，甚至在手机里，把发生过的这三件善事记录下来。

4. 每天晚上都要重复这个过程。

每一天，你都会越来越意识到积极体验的存在，因为每晚你都对自己有所交代。

反思性计数策略

既想在课堂上全力以赴，同时又要管控好个人生活，这样的压力会让你觉得无比艰难，不过，塞帕拉、布拉德利和戈德斯坦（Seppälä，Bradley & Goldstein，2020）研究发现，通过呼吸练习，你可以在混乱中恢复平静。在你感到有压力、愤怒或焦虑时，你大脑的思维部分——前额叶皮层——很难做出恰当的社交反应或理性的决定，也很难调节你情绪的表达。此时，沉静而缓慢地呼吸能对你的身体产生镇静作用，降低你的心率，并刺激你的副交感神经系统（使你回到一个更放松、更有条理的状态）。你可以花几分钟时间完成以下七步练习，它将帮助你通过呼吸训练正念意识：

1. 舒适就座，闭目养神或双眼微睁。

2. 观察周围的环境，开始感受呼吸。

3. 问问自己："我身体的哪部分感受到了起伏？"

4. 在不改变呼吸节奏的情况下，注意吸气和呼气的深浅。

5. 当感觉准备好了的时候，开始细数每一次吸气，直至数到 10。

6. 然后，从 0 到 10 数自己的呼气次数。

7. 重复这个过程 7 到 10 次，直到你的身心感到平静。

你的注意力很容易被各种想法分散，所以一旦数到 10，你就要重新开始计数，以免走神。

探索环境练习

养成正念习惯可以像沉浸在大自然中那样简单。只需要置身于户外，就能获得众多显著的好处，这一点得到众多研究的证实：降低血液中的皮质醇；卡帕尔迪等学者（Capaldi et al.，2014）指出的提升幸福感、改善心脏健康状况、提高情绪自我调节能力、减少冲突和攻击性；布拉特曼等学者（Bratman，Daily，Levy & Gross，2015）证实的更深的感恩意识。所以，停下来，给自己一个正念时间，走到外面，去尝试一下这个简单的七步练习：

1. 到大自然中去，找一个你最喜欢的地方去探险。

2. 通过鼻子深吸一口气，再用嘴呼出，直到你的身体出现安定的感觉。

3. 环顾四周，像孩童那样体会身边大自然的广阔无边，持续一两分钟。

4. 问问自己："此刻，是什么激发了我内心的敬畏感？""此刻，是什么让我惊讶不已？""当我环顾四周时，是什么让我喜悦？"

5. 继续呼吸。观察几轮，看看你的呼吸是深还是浅，是快还是慢。

6. 专注于身边的一小块区域，并问自己同样的问题。将你的注意力集中在一个小小的可能只有巴掌大的区域里，比如地面上、树上的某个地方或河边的一小块鹅卵石，然后问自己：“此刻，是什么激发了我内心的敬畏感？”“此刻，是什么让我惊讶不已？”“当我环顾四周时，是什么让我喜悦？”

7. 继续呼吸。再次观察你的呼吸情况。当我们记起自己只是大自然众多造物中的一员时，这种渺小的感觉会让人产生敬畏，同时有种出奇的安抚作用，并提醒我们不要把自己看得太重。

作为一名教师，你只需要与孩子们一起体验大自然，就有能力通过他们的眼睛发现这个世界。这对孩子们有好处，而你，也能从中受益。

引导式感恩训练

这个十三步的引导式感恩训练大约需要三分钟，能帮助你充满感恩之心和正念意识。这是开启新一天的绝佳方式，尤其当你压力过大时。

1. 先盘腿而坐，闭上双眼。用鼻子深吸气，数到 4，然后用力从嘴巴呼出，也是数到 4。

2. 想想看，有没有某个问题一直困扰你的教学或个人生活——按照从 0（无压力）到 10（可能是最大压力）的尺度做出评估，且该问题给你带来的压力级别大约达到 7 或以上。

3. 当你想到这种压力时，把双手放在胸口上并深呼吸，感受掌下气流的充盈。

4. 在你呼吸时，想想你心脏的馈赠，感受你内心的力量。

5. 问问自己：“我的心帮助自己去做了哪些事情，去感受到了哪些美好，去享受了哪些快乐，才让我充满自豪？”

6. 在你继续呼吸、感受心跳的同时，提醒自己：我得到了足够的爱，从而获得了生命的馈赠。在心脏的每个跳动瞬间，关注生命的美好，认识自己内在拥有的这份礼物。

7. 现在回想一个让自己深深感恩的时刻。记住那一刻，仿佛你就在现场：感受你原本会感受到的，聆听你原本会听到的，仿佛身临其境一样呼气、吸气，观看你在那一刻原本会看到的景象。好好享受这一感恩时刻。

8. 再想想另一个让你感恩的时刻。它可能是一个小小的瞬间，也可能是一件简单的事情；它可以是空气在你皮肤上的感觉。呼吸它，感受它，想象一下你被带到了那个瞬间。

9. 现在，再想想第三个值得你感恩的时刻。步入其中，感受它，看到它，聆听它，与它同在。

10. 现在，回到那个引发压力的棘手情境或冲突之中。继续呼吸，感受那深深的感恩之情。

11. 问问自己："我能确定什么？""我此刻需要什么？""如果不能做到最好，下一步我该做什么？"

12. 坚信你凭直觉就知道下一步该怎么做。相信它，感受它。

13. 完成这一切后，恢复平和的你可以睁开双眼了。

自我关怀策略

下面是一组可操作的、易于整合的自我关怀练习方法。本节介绍的自我关怀策略包括：

- 自我关爱行动清单
- 幸福罐练习
- 引导式慈爱反思
- 自我抚触放松练习的疗愈力

自我关爱行动清单

作为一名教师，你很容易被那些为他人而做的事所淹没，比如：在学生进教室时为他们开灯，写教学计划，备课，填写成绩单，参加数不清的教师会议，参与重要的专业发展培训，跟进各种评估，与同事保持联络，辅导学生，经营午餐俱乐部，自费添置教室物品，还有做晚餐、开车送自家孩子去踢足球等。以下的三步练习可以让你有意识地花一些时间来践行自我关爱：

1. 回想一下喜欢做的事情，这些事情能让你感觉充实，或者更符合你的向往，或者能让你有时间进行自我反思，而且你非常需要这些时间来进行休整。那就从一支笔和一本日志开始吧。想想那些不同领域的内容吧，它们应该会对你有所帮助——个人反思、与他人的连接、健康与健身、有创意的追求、目标明确的自我关爱等。把脑海中想到的东西都写下来。你也许会发现，有些任务看似只是整理或组织工作（比如整理车库、化妆品抽屉或药箱等），但它们最终能让你更接近某个目标。正如鲁宾（Rubin，2019）所言，这些任务可能看起来像是工作，但到了最后，整理家庭空间会让你天天感到快乐。

2. 在感觉情绪低落时，看一下你的清单，结合当下的状况，选择一些对你来说可以实现同时又有意义的任务。

3. 在完成选定的任务后，反思一下自己的情绪。你甚至可以把它记录下来。你可能会有一些最喜欢做的任务，它们脱颖而出，并成为日常生活中令你愉悦的例行部分。

如图 1.1 诊断清单（见第 15 页）所示，在开始感到有些疲惫的时候，你要做的就是问自己：“我此刻需要什么？”然后，你可以从自我关爱行动清单中挑几样事情去做。自我关爱行动清单示例参见图 1.2。

- 动动身体：训练营、跑步、健身视频、徒步旅行。
- 创作：写作、油画、素描、设计一个新物件、布置家具。
- 听听学学：播客、有声读物、音乐。
- 亲近户外：海滩时间、冬天滑雪、森林漫步。
- 会见朋友：拜访朋友、外出就餐、湖上泛舟。
- 高质量的家庭时光：露营、电影之夜、公园嬉戏。
- 追求新奇：报名参加新课程、去某地旅行、学习新技能。
- 个人护理：做头发、做指甲、做按摩。
- 记录反思：写日志、录制连麦采访、进行深度对话。

图1.2　自我关爱行动清单示例

幸福罐练习

通常，要想消除头脑中出现的消极想法，你最应该做的是主动提醒自己那些你已然取得的成功和胜利。这个五步骤的幸福罐练习就是一种提醒方式，让你记起自己给这个世界带来了什么。当情绪低落、压力过大或不知所措时，你可以从中汲取力量。

1. 列出你的优势。如果你感到棘手，这里有一些提示：

- 大家都对我做出了哪些正面评价？
- 最近我做了什么事情，给别人或多或少带来了积极的影响？
- 我说的话有多重要？我做的事有多重要？
- 大家常用哪些方式称赞我？
- 是什么让我为自己感到骄傲？

2. 找一个专门的地方记录这些优势和成就——可以是一个真正的玻璃罐、一个笔记本，甚至可以是手机上的备忘录。重要的是要有专门的空间来保存你的想法。

3. 当感到精疲力竭时，你可以看看你的幸福罐，回想一下你的辉煌。

4. 每当获得一项成就，取得一次大的进步，或者受到一次赞美时，一定要把它加到你的幸福罐里。

5. 每年——也许是在年末，也许是在学年结束的时候，也许是在学年开始的时候——拿出你的幸福罐，想想这一年那些让你充满力量的点点滴滴。

引导式慈爱反思

有时，你感到精疲力竭或不堪重负，你只需要一瞬间集中精力的乐观和从上到下的正向自我评价。由乔恩·卡巴金（Jon Kabat-Zinn，2018）和莎伦·莎兹伯格（Sharon Salzberg，2014）等冥想修行大师推广的慈爱冥想修行（loving-kindness meditation）就是一种行之有效的方法，能帮助你重新书写内心独白，使你变得更积极、更富有同情心。

学习如何独处是一种能体现爱的基本行为（Kabat-Zinn，2018）。在你还没有习惯唱诵祈祷语时，一开始这么做会有点不自在，甚至显得有些机械；但当你一遍又一遍地积极评价自己时，你的潜意识就会发生变化，重塑你对自己的某些潜在的批评性想法（Salzberg，2014）。所以，当你犯错误或经历失败时，你可以忍受悲伤、哀痛和愤怒这样的负面情绪，而与此同时，你也会越来越明白，即便犯了错，你仍然值得拥有爱和归属感。试试下面的十步练习：

1. 睁开眼睛，或坐或躺，准备开始。

2. 用鼻子吸气，用嘴巴呼气。重复几次，直到感觉安定下来，一种平静感席卷全身。

3. 如果感受到了放松，就闭上眼睛。

4. 注意身体与地面的接触，或者感受椅子如何支撑你的身体。

5. 向自己表达关爱。这里有一些供你使用的短语（可以随意更改短语的措辞，只要能引起你的共鸣即可）。

- “愿我生活舒适、幸福、健康。”（重复三次）
- “愿我快乐，愿我健康，愿我无病无灾。”（重复三次）

6. 现在，在心里向你爱的人或善待过你的人表达你的关爱。在你唱诵下面的祈福语时，脑海中浮现这个人。

- “愿你生活舒适、幸福、健康。”（重复三次）
- “愿你快乐，愿你健康，愿你无病无灾。”（重复三次）

7. 在心里向一个普通人表达你的关爱，在你唱诵祈福语时，脑海中浮现这个人。

8. 在心里向曾经给你制造麻烦的某个人送去你的关爱。在你唱诵祈福语时，脑海中浮现这个人。这并不意味着你宽恕对方过去对你或其他人犯下的错误，而是和你对所有生命（包括那些伤害过你的人）所抱有的同情有关。这可能很难做到，却是一种很好的训练。

9. 向所有的生命施以关爱。

10. 做完这一切后，睁开眼睛，反思自己的情绪。问问自己：“此刻，我有怎样的感受？”

自我抚触放松练习的疗愈力

根据韦兹、利撒德等学者（Weze，Leathard et al.，2007）的研究，舒缓神经系统并保持健康的方法之一就是进行舒缓的、鼓励性的自我抚触，尤其当你感到悲伤、愤怒或被多种情绪所淹没时。以下三个步骤可以引导你完成舒缓的、支持性的自我抚触：

1. 把手放在胸前，双手捧住脸，或是用手臂紧紧地搂住自己的身体。

2. 轻轻地按捏自己。

3. 尝试几次深呼吸。

这个简单的训练足以让你紧张的神经系统放松，并让理智（前额叶皮层）重新上线。

日志提示：帮助你挖掘人的共通性

以下日志提示能帮助你理解自身具有的人的共通性，尤其当你感到孤独或不知所措时。正念意识是实现自我关怀的重要的第一步。你可以优先培养正念意识。在日志中，你可以花点时间思考以下问题：

1. 通过问自己几个问题，确认你所承受的压力。

·“此刻，是什么让我感到压力、痛苦或苦恼？”

·“此刻，是什么让我不安？”

·“这种压力是如何影响我的身体的？这种压力是如何影响我的思想的？”

·“我希望自己有什么变化？”

2. 提醒自己并不孤单。

·问自己：“此刻，其他人还在以什么方式像我一样对抗困境？”

·问自己：“有哪些人可能正与我经历着相似的苦难？”

·告诉自己：“在这场抗争中，我并不孤单，因为……”

3. 用温柔的语气对待自己。花点时间，站在第三者角度想象一下自己。想象你在给自己提建议和鼓励。

·你会对自己说什么？

·你会用什么样的语言和语气来表达安慰、安全以及温和的鼓励？

·从第三者的角度来看，你会给自己什么建议？

- 你会对自己说些什么鼓励的话？
- 你会对自己存有什么小小的愿望？

本章小结

累积的压力会导致倦怠，这会让教育工作者感到自己的工作和生活效率低下、漫无目的，甚至变得愤世嫉俗。倦怠对我们自己和周围的人都是有害的。正如我们在本章中所探讨的，人是社会生物，天生就善于相互学习，并通过共享经验建立深刻的联系。应激反应和不适应引起的自我保护策略会干扰我们的能力，使我们无法通过有意义的方式相互联系，构建健康的学习共同体，以及过一种有意识的、全心投入的生活。

因此，我们必须学会思考自己的情感需求，同时关注并说出自己的情绪，这样，我们就可以培养自我意识，成为善解人意、反应迅速的教育者。要成为一名成功、快乐和充实的教师，关键的一步就在于有能力反思自己的现状，并能通过培养正念意识、善待自己、挖掘与他人的共通性来践行自我关怀（尤其是在我们对抗困难的时候）。了解并接受自己，是积极重塑环境、准备不断向前的必要基础。

第二章

重塑：如何在逆境中保持复原力

在刺激和反应之间存在着一个空间，在这个空间里，我们有能力选择如何进行应对。在应对的过程中，我们得以成长，享受自由。

——佚名

我们都曾感受过对完美的渴望。然而，完美主义倾向对我们来说往往是伤害大于帮助。正如布琳·布朗（Brown，2010）所说："完美主义是一种信念，即如果我们生活完美、看起来完美、举止完美，我们就能最大限度地减少或避免指责、评判和羞辱所带来的痛苦。它是一种保护盾……却也阻止着我们自由飞翔。"范德莱斯（Vandraiss，2017）认为，完美主义使得我们很难以健康的方式做出反应，很难真实地表达自己，很难培养健康的人际关系，也很难表现出自我关怀——所有这些都是形成幸福的重要因素。完美主义的问题在于，它从根本上将我们与其他人割裂开来。追求完美会让我们失去真正的归属感，也失去理所应当成为自我的能力，以及与他人建立关联的人性特点。

斯金纳、比尔斯（Skinner & Beers，2016）指出，在高期望值、难以应对的课堂环境和个人压力源的重负下，许多教师形成了诸如反击、逃避和不知所措等适应不良的应对机制。为了具备自我意识，为了全心投入生活，我们必须忘记在对抗困境过程中领悟到的那些不幸的教训。我们有必要以新方式重塑我们的故事，重建更有益的应对机制，以帮助我们度过艰难的时刻。这是培养复原力的关键所在（Aguilar，2018）。

在本章，你将了解关于重塑和复原力的研究。你将探索如何消除那些让你束手束脚，阻碍你成为最好的自己的限制性信念。本章还包含了几种练习，这些练习将有助于提高你的复原力，增进你内心的自我对话，减轻你生活中的压力，并重塑你的心态。

关于重塑的各种研究

正如许多教师亲身经历的那样，倦怠会使我们无法开启人生故事的理想版本。日常生活中的千头万绪会让人感到不知所措，无法应对和改变，甚至萌生羞耻感。而当我们试图兼顾这一切时，我们会变得筋疲力尽，伤痕累累。这种心有余而力不足的观念会逼迫我们超越自己的极限，而这往往会损害我们的家庭、激情和自我关爱（Maslach & Leiter，2016）。与之相反，在布鲁克斯（Brooks，2013）看来，过着一种没有成就感的生活，也会让我们更深陷于倦怠、绝望和缺乏动力的症状中，这是一个重复发生的反馈回路，很难规避。简而言之，倦怠会引发更多的倦怠。

尽管发生在我们身上的很多事情都超出了我们的控制范围，但我们有能力创造自己的故事，过上一种我们真正想要的生活。我们可以反思并有意识地了解我们想要的生活，但我们从一开始就必须思考我们的内心独白以及自己的复原力。

什么是复原力

复原力是克服各种艰难时刻的能力。亚当·格兰特（Adam Grant）和谢丽尔·桑德伯格（Sheryl Sandberg）在 *Option B*[①] 一书中，把复原力描述为一个人从逆境中恢复的速度。根据著名心理学家苏珊·科巴萨（Susan Kobasa）的研究，复原力是那些将逆境视为挑战的人身上所具备的突出特征，他们投身于自己的生活，承认自我掌控的局限，并对掌控范围内的事付诸行动。以下三个因素有助于培养复原力：

1. 挑战：有复原力的人把各种困难视为一场挑战，而非不可克服的事件。他们将挑战看作积极的变化。

2. 使命：有复原力的人致力于保持个人目标感，并将其渗透在他们生活的方方面面。

3. 个人掌控：有复原力的人会在他们感到有能力处理、可掌控的地方付出努力。他们不会固执地把时间浪费在无法掌控的场合。

换句话说，有复原力的教师往往把困难时期视作成长和学习的时机。他们全力以赴，努力在生活的各个方面做最好的自己。此外，有复原力的人明白，发生在我们身上的事情可能远远超出我们的可控范围。因此，我们必须将精力投入那些能让我们感受到最好的自己的任务和体验，而不是让自己陷入无助、无力和无效之中。

① 该书的简体中文版由中信出版集团于 2017 年 9 月出版，译名为《另一种选择》。——译者注

善良忍者

阿莉·阿佩尔斯（Allie Apels）是加拿大艾伯塔省的一名幼儿园教师，也是国际善良忍者（Kindness Ninjas）社会情感学习运动的创始人。在其 14 年的教育生涯中，她曾遇到过最具挑战性的一群学生。她班上的许多学生都经历了难以想象的创伤，需要采取全面的干预措施，仅仅为了上学就需要制订安全计划（Michael，2019g）。尽管阿莉外表乐观，但她对学校年度的发展规划还是感到沮丧和担忧。

阿莉和她的教学搭档以及课堂助教都尝试过他们所了解的所有主流社会情感学习项目和干预措施。尽管他们很有经验，但这个团队还是无法改变这么多学生的棘手行为，就连课堂环境也没有安全感。所以，是时候彻底解决这个问题了。

阿莉和她的团队誓不放弃。他们知道，这一挑战为专业成长和学习提供了机会。阿莉和她的团队集思广益，最终想出了一个绝妙的方法来构建一种和谐友善、互相扶持的课堂。他们介绍了一位亲善大使：善良忍者。那年圣诞节假期前的一段时间，他们班每天都会收到善良忍者的问候。善良忍者会给学生留下便条和随机任务，要求他们完成各种善良使命（这些都是阿莉自己在课前设计的）。

阿莉说，这段经历使得当年班上的成年人和学生都产生了很大的变化。小忍者的魔法和为正义而战的果敢引起了学生们的共鸣。学生在学校和社区中穿梭，目标明确，完成了各种类型的善良挑战，并给周围的人带来积极影响。他们来到旁边的班级，前往市里的老年中心、医院、市政厅和动物收容所，去传播善意。

学生开始从一个新的、更积极的角度审视自己。阿莉和她的团队坚信，随着时间的推移，只要坚持，只要有足够的践行善行的机会，学生的行为和课堂环境一定会得到改善。

消极的、不安全的行为减少了，课堂的凝聚力增强了。到了一月份，学生们坚持要践行他们的善举。在剩下的共处时间里，全班同学团结一致。那一年也成为阿莉教师生涯中最难忘的、最愉悦的一年。这段经历让她越来越相信，尽管有时候处境艰难，但通过行动，我们总有可能让自己感受到被赋予了力量。

在逆境中培养复原力，就好比是炼制合金的过程。炼制（Alloying）是一个神奇的过程，两种或多种金属在极端高温下，按照精确比例混合熔炼，通常会形成一种更为坚固的新型金属。在这个类比中，我们的困难代表着一种金属，而我们的生活经历代表着另一种金属，将两者熔在一起，可以开阔我们的眼界。逆境让我们像锻造金属一样把自己锻造得更有活力、更为强大、更显美丽，让我们能为他人奠定基础，并且为自己创造一个新的未来。

复原力的三个关键要素

有复原力的人和那些陷入困境的人之间有什么区别呢？积极心理学创始人马丁·塞利格曼（Seligman，2011）指出，在谈及逆境或不利环境时，有三种心态可以预测一个人的复原力和向前跃进的能力。

1. 个人化（“都是我的错”）：遇到困难的人可能会告诉自己，他们承受的苦难应该归咎于自己。相反，有复原力的人往往会意识到挑战是生活的一部分，而不是他们的错。当我们因为生活中的挫折而责怪自己的时候，我们事实上把其中的困难个人化了，从而很难让自己摆脱对困难的羞耻感。那么，你是否经常为在生活中遭受的沉重打击而责怪自己呢？

2. 持久性（“我会一直这样”）：持久性意味着你相信事物会永远保持不变；而且，不知何故，你会一直保持着此时此刻的感觉。在贝尔（Bell，2020）看来，在面对具有挑战性的时刻时，持久性会表现为绝望，即认为事情永远都会像现在这样糟糕。当我们苦苦挣扎时，我们不大可能相信这样的挣扎会有一个尽头。而当你相信环境可以改变时，你才会培养出一种更具复原力的心态。希望就是这样一种信念，相信明天会更美好。你此刻的人生状态不一定一成不变。要告诉自己：“这是暂时的，不会永远持续下去。我可以度过这段艰难的时期。”

3. 普遍性（“坏事总是发生在我身上”）：逆境中的普遍性，就是相信“坏事总是发生在我身上”。这是一种根深蒂固的信念，认为坏运气会渗透到你生活中的每一个角落，你注定会成为它的受害者。要想具有复原力，我们需要找到生活中美好的小片段，并有目标地坚持下去。那么，你眼下的生活中有什么样的美好呢？

教师的复原力

哈姆森等学者（Harmsen et al.，2018）与凯尔特曼斯（Kelchtermans，2017）一致认为，当谈及教师中普遍存在的压力与留任问题时，有必要探讨一下他们的复原力。曼斯菲尔德和贝尔特曼（Mansfield & Beltman，2019）指出，教师的复原力取决于几个关键因素，包括对工作的满足感、对角色的投入、工作的效果、保持参与和积极性的能力，以及整体健康心态和乐观情绪。此外，吉布斯和米勒（Gibbs & Miller，2013）的研究表明，教师可以在职前培训期间发展出这些复原力指标。因此，曼斯菲尔德、贝尔特曼、韦瑟比－费尔等学者（Mansfield，Beltman，Weatherby-Fell et al.，2016）一致强调，高等院校有必要在教师教育项目中提供明确的复原力培训和广泛的社会支持（例如，BRiTE 便是一个在线复原力训练工具，能提供相应的复原力培训）。研究人员发现，那些在职前就有强大的社会支持网络、与同事关系密切、与学生关系良好的教师，其复原力的程度更高，工作满意度、使命感、效能感、乐观精神和整体动机也都强于他人（Mansfield & Beltman，2019）。戴杰思和顾青（Day & Gu，2014）则指出，当他们成为独立而专业的任课教师时，导师制（经验丰富的教师和新教师师徒结对）也对他们的复原力产生积极的影响。

教师能否在长时间内保持复原力，很大程度上取决于他们的社会情感能力以及任教学校的文化和氛围（Mansfield & Beltman，2019）。这意味着，复原力在一定程度上取决于强大的高等教育、社交网络以及职前阶段的导师支持。随着教师正式成为专业的任课教师，自我效能感、社会情感能力和学校文化都有助于提高他们的复原力，这也意味着他们必须腾出时间，通过持续的专业工作来从事这些支撑复原力的行为。

车祸后的重新调整

2010 年 11 月，珍妮尔·莫里森，一名教师出身的超级马拉松选手兼职业运动员，正驾车行驶在高速公路上，从基洛纳（Kelowna）前往卡尔加里（Calgary）参加“骑行马拉松”（Spin-a-Thon）募捐活动。此时，一辆迎面而来的面包车正面撞上了她的车，并将她连人带车撞下了 9 米高的路堤。珍妮尔当场失去知觉，昏迷了三个半小时后才被医护人员从汽车残骸中救出。接着，她被空运到重症监护室，在那里，因为药物作用，她又昏迷了十天。

她从昏迷中醒来时，才知道外科医生已经在她的身体里创造了奇迹。她回忆道："我的胫骨与脚踝粉碎，骨盆和股骨受损，脊椎骨折。我的胃进入了胸腔，心脏上移，横膈膜破裂，肺部穿孔，手臂骨折，并伴有脑震荡。我当时一团糟，真的很崩溃。"

有些时刻会戏剧性地改变我们自己所设想的生活轨迹，我们应该更多地感谢被带到这个生长的地方，而单靠感恩之情并不足以支撑我们渡过难关，走向成长。在这之前，比赛和教学一直是珍妮尔的生命线。如今，她能活着已是万幸。她告诉我："外科医生说：'你接下去都不能参加比赛了，珍妮尔，如果你还能再走路，就已经算是幸运的了。'"

在那一刻，珍妮尔意识到她必须做出一个大胆的决定，决定下一步该做什么。她可以容忍别人不看好她对生活的憧憬，但她也可以选择另一条路。珍妮尔回忆道："我记得当时我完全相信并清晰意识到，我一定会再次参加比赛。只要有什么我能做的，只要对未来有什么可以憧憬的，我会立刻去做！"在接下来的两年里，她把时间都用在身体康复上。通过无数小时的锻炼和康复，她与身体重新建立了关系，并学会了再次信任它。

两年后，珍妮尔不仅能重新走路，还在铁人三项比赛中获得了赛区第三名。再次参加比赛的意义重大，同时她也明白了自我关怀和自我滋养对个人幸福感的重要性。她说："我对这次复出并没有感到满足。"于是，她转向内心，默默问自己："我当下需要什么？"她通过瑜伽学会了静心，尊重自己对反思和自我滋养的需求。她的复原力充分反映了马丁·塞利格曼的 3P 理论：她知道这场车祸不是个人（personal）的失败，她相信这个影响不具有永久性（permanent），她心里清楚人生的厄运并非无处不在（pervasive）。

现在，珍妮尔对自我关怀有了一种新的认识，也开始重新审视生活，并以瑜伽教练和个人生活教练的身份，与他人分享她的智慧。有时候，为了前进，你需要放慢速度。

限制性自我感知与信念

我们感知现实的方式是由我们的观点和视角决定的，而后者是通过我们的经历以及我们对自己和世界的信念长期培养出来的。阳光海岸大学（University of the Sunshine Coast）转载的一则评论显示，据估计，我们每天都要处理 50 000—65 000 个想法，其中许多是潜意识的。正如 *As a Man Thinketh*[①] 一书的作者詹姆斯·艾伦（James Allen）所说："你的信念会影响你的行动。"西斯古德（Sisgold，2013）进一步指出，如果我们对自己的信念是积极的，那么我们的行动就更有可能倾向于与这些积极的信念保持一致，从而表现出更积极的结果。然而，如果我们对自我的感知是负面的，那么我们的行为（或不作为）可能会导致不太理想的结果。表 2.1 提供了一些关于积极和消极信念的具体例子。

① 该书的简体中文版已出版，绝大部分的译名为《做你想做的人》。——译者注

表2.1 教师自我限制信念与自我效能信念的比较

自我限制信念（负面）	自我效能信念（正面）
在学生面前我总是要坚强。他们指望着我，我不能让他们失望	在课堂的每一个情形里，我都能表现得正直而诚实
我不能向同事求助，这是弱势的表现	向同行、管理者以及关心我的人寻求支持，是有勇气的表现
我不能给自己腾出时间，我有很多计划要去完成。学生比我重要	自我关爱很重要。我有必要照顾好自己，从而在学生面前呈现最好的自己
我的努力永远不够到位。我的课堂没有隔壁班的那么充满创意	为了学生，我已全力以赴了。这对我来说足够了
作为一名教师，我不够有创造力、坚定、风趣、平易近人、自在、知识渊博	我很自豪，能在课堂上努力做到最好
为了招人喜欢，我需要更有趣、更会交际、取得更多成就、工作更长时间、更搞笑、更严肃	我值得拥有爱和归属感，我就是这样一个人

举个例子，假设你希望有一天能教三年级，而你一直以来都是一名中学老师，所以没有教三年级的经验。你所在的区域有一份去给三年级上课的工作。如果你对自己承担教学的能力抱有积极的信念（尽管缺乏经验，但你的热情和奉献精神会让你成为这份工作的理想候选人），你就更有可能去申请并得到这份工作。如果你的信念很消极，想当然地认为无法完成三年级的教学工作，你就可能不去申请这份工作（结果是，你得到这份工作的概率为0）。

你的心态和信念体系会对你的生活观以及由此产生的机遇有着重大影响。

羞耻盾牌

沃兹沃思（Wadsworth，2015）指出，我们的限制性信念往往源于适应不良的生存机制。沙米 – 特索瑞、萨波特等学者（Shamay-Tsoory，Saporta et al.，2019）发现，从进化的角度看，当我们人类感觉形单影只时，大脑中的奖励回路会尖叫着要求我们变聪明，找到回归种群的路，并不惜一切代价融入其中。在穴居时代，这种寻求联结的机制对我们来说非常有用，因为一旦被排斥，我们就不再受到群体的保护，无法抵御环境中的危险——死亡的概率非常高。孤独感通常与羞耻感或不值得爱和不值得拥有归属感联系在一起（Brown，2013）。在萨蒂（Suttie，2016）看来，人的本能是生存，而羞耻感阻止了我们与他人建立联系，这威胁到了我们的生存。因此，正如沈（Shen，2018）所指出的，我们中的许多人都用大半生的努力降低自己陷入孤立、失去保护的可能性。可是，我们这种不惜一切代价避免羞耻的想法，往往导致了一些非适应性做法，从而对我们造成了伤害，而不是带来了好处。

琳达・哈特林（Linda Hartling）博士从事有关人类尊严及羞辱的研究，同时也是一位写作者。她解释说，当我们有羞耻感时，我们经常会使用三种主要的非适应性应对机制来保护自己免受所经历的痛苦的伤害：① 远离（moving away）；② 跟进（moving toward）；③ 对抗（moving against）。我们可能会通过沉默、销声匿迹以及失联（逃避）来摆脱痛苦。比如，想象一下娜塔莉，一个害羞的孩子，每当她遭遇数学方面的挑战时，她都会把脸埋进头发，并躲到抽绳连帽衫里。我们可能会通过取悦、安抚和完善来面对这种反应（不知所措）。再比如，想想乔丹，这个男孩总是想做正确的事情，并且经常向他人确认自己的答案是正确的。我们可以逆其道而行，在别人伤害我们之前先伤害他们，愤怒地对他人进行抨击，或者指责他们（反击）。比如有一个叫布拉克斯顿的孩子，他总是通过指责别人来回应冲突。反击可能是他学会应对冲突和压力的最简单的方法。根据肖恩科夫和加纳（Shonkoff & Garner，2012）的观点，在这样的孩子长大成人后，当触发情绪或受到压力时，他们很难改变自己的习惯性反应。

我们对压力所做出的模式化的非适应性情绪反应就像是一种舒适的默认设置，仿佛你在周末穿的那件舒服的旧运动衫。研究证实，羞耻感与创伤后应激障碍（post-traumatic stress disorder，PTSD）之间有着密切的联系。如果应激反应在儿童时期被反复触发，那么在成年后，逃避、不知所措和反击等种种反应可能会成为我们应对任何压力的习惯性反应（Shonkoff & Garner，2012）。德维尔、福特、希尔等人（Dvir，Ford，Hill et al.，2014）也指出，事实上，一些创伤幸存者很难调节诸如愤怒、焦虑、悲伤和羞耻等情绪——当创伤发生在人年幼时，这种情况尤为明显。

在面临压力时，我们很容易下意识地将应激反应片面地视为放之四海而皆准的方法。换言之，通过激励自己与之对抗，做出与逃避、不知所措和反击相对应的反应方式，我们学会了规避羞耻感和随之而来的无用感所带来的痛苦。举个例子，对我们许多人来说，驾驭冲突很可能非常棘手。考试和成绩汇报就很有可能引起学生和家长的不满，尤其是在学生没有达到预期的课程目标时。当你意识到你的考试会遭到攻击（比如家长愤怒地发来电子邮件或学生在课堂上怒气冲冲地与你对峙）时，你可能会觉得通过提高分数，便能轻而易举地避免这种冲突。不幸的是，这种做法只是摆脱潜在冲突的一种方式。我们没有做到诚实，也有违道德和不够透明，我们只是避免了冲突，这是典型的逃跑反应。卡林顿（Carrington，2020）认为，在创伤背景下，创伤后应激障碍并不被视为一种精神疾病，而是一种心理伤害。即便因为过往的创伤而遭受创伤后应激障碍，我们也有能力通过努力工作和康复训练来克服创伤带来的负面影响。从这点看，创伤后应激障碍应被看作一种伤害而非疾病，这很重要，还能使我们充满希望。我们不必永远受到创伤经历的束缚和限制。创伤后我们依然可能复原，我们向前跃进的能力，在很大程度上来自我们在处理痛苦经历时所创造的叙事。

尽管这些保护机制在开始时能保护我们免受痛苦，但它们无法长期起效（Wadsworth，2015）。想要把那件舒适的运动衫（也就是我们的非适应性情绪反应模式）脱掉，是很难的。这种非适应性的情绪屏障会阻止我们展现完整的自我，从而产生一种虚假的自我形象。

毒性正能量

努力培养积极信念和心态的同时，不应该掩盖或否认我们固有的情绪，如哀痛、悲伤、愤怒、羞耻和失望等。罗德里格斯（Rodriguez，2013）指出，这些情绪在人类的自我表达中起着重要的作用，表明什么时候该退后一步，带着真正的好奇心观察我们自己，并选择我们希望的方式去应对。

那种坚持人应该自始至终“看到积极乐观的一面”的信念，被称为毒性正能量（toxic positivity）。毒性正能量指的是只寻求积极的想法，拒绝消极情绪和经历存在的心态。据吉莱斯皮（Gillespie，2020）所载，精神病学家加亚尼·德席尔瓦（Gayani DeSilva）曾指出：“毒性正能量是一种不够真诚的积极性，会导致伤害、不必要的痛苦或误解。”格罗斯和利文森（Gross & Levenson，1997）则认为，当你真正经历一段难熬的日子时，面对毒性正能量不仅令人讨厌，其影响以及随之而来的对情绪的遮蔽也被证明会对整体心理健康造成不利影响。

教师会在他们与同侪的交往中体验到毒性正能量。举个例子，假设你在周末前的一堂体育课中给一场活力四射的篮球比赛当裁判，突然同一队的两名队员发生了扭打。你迅速冲过去想把他们拉开。这时，你感到一只紧握的拳头打在你的脸上，原来是其中一个学生不小心打到了你。放学后，你眼泪巴巴地给同事叙述了这个事件，可你的同事却回应道："至少你的鼻子没有流血——如果那样的话会更糟！"大事化小、轻描淡写，这样做是有害的，会降低一个人被倾听、被理解的感受。

在教师和行政人员的交流中也会出现毒性正能量，并让人感到失望和沮丧。想象一下，现在是年初，你的课堂任务很繁忙，但到目前为止，你都已经很好地应对了各种挑战。隔壁班的老师和你教同一个年级，但他在课堂管理方面却不那么成功。有两名你这个年级的新生转来，按外部机构评定，他们属于问题学生。鉴于你的经验、水平和目前的成果，你的主管决定由你来接收这两名新生。你表示反对，主管却说："再困难的事你也能做。我知道你行！这件事就拜托你了！"在这种情况下，你很容易产生错觉，以为主管的这种安排是因为你之前做得太好，甚至是理所当然的。想要获得价值感，还需要更多的行为验证和公正待遇啊！

有时，教师也会对学生施与毒性正能量，尽管他们的本意是鼓励学生。比如，一位老师试图说服一个正在对抗困境的学生："瞧，你要做的就是保持专注。你一定会做到的，只要全力以赴！"尽管这是个好主意，但学生之所以未能完成任务，可能与他的专注程度无关，而是因为他的学习能力和处理困难的能力不够。此时需要的可能是一种完全不同的方法，而不仅仅是不断地注入意志力和专注力。有些时候，用激励的办法，反而不利于提高学生的自我效能感。

在难受的情绪出现时，通过毒性正能量去抑制情绪，其结果可能比简单地让自己排解更具破坏性。

毒性正能量的五种表现

1. 掩饰自己真实的情感或剥夺他人表达自己情感的权利。

例如，你的一个朋友兼同事受聘到一个你向往已久的行政职位，你却不允许自己因为没有得到这一职位而偷偷地觉得失望。

2. 在还没有准备好时就尝试“向前看”，或者希望别人也这样做。

例如，有位同事在分班会议中对你爆了粗口，他为此道了歉，并希望你在他道歉后能马上继续工作。你依然感到很受伤，却试图忘了它，继续你的工作。

3. 尽量弱化别人或你自己的生活经历。在回应他人的坏消息时，先说“至少……”。

例如，在你的课堂上，由于一个孩子披露了一件令人难堪的事情，你不得不打电话给儿童保护机构。之后，你对这种情况深感忧虑。于是，你的领导试图安慰你：“至少你今年只需要打一次这种电话，对吧？”

4. 给别人提建议，而不去搞清楚她的感受。抛开自己的感受，迅速转向实用主义。

例如，你向你的家人吐槽，说你与学生家长之间发生了误解，这让你觉得有很多琐碎的事未能了结。现在是周末了，因此要到下周一才能把事情搞定。你的家人却告诉你，哪些事情应该一开始就采取不同的处理方式，到了周一你又该如何处理这个问题。

5. 让别人对自己的情绪感到很糟。对你自己的种种情绪感到羞愧。

例如，你在课堂上度过了艰难的一天并因此不知所措，和同事分享之后，他告诉你，你真的需要减少消极情绪，你只要“选择快乐”就行了。

事实上，人不可能始终感到快乐。我们的情绪既有高峰，也有低谷，只有这样，我们才能获得丰富的阅历，才能产生同理心和更深层次的智慧（Rodriguez，2013）。

成长型思维与重塑型思维

我们之所以能够以深思熟虑的方式对周围的刺激做出反应，并且使其符合我们的价值观和内在智慧，是因为我们明白，我们具有适应环境的能力，并且可以有意识地选择某些方式进行互动。我们有能力接受我们的经历，也能以真正有用的方式重新定义我们的经历，而不是采取我们默认的反应方式。我们可以采取一种重塑型思维——一种以有觉知的方式去应对环境的能力。

重塑型思维的概念源自卡罗尔·德维克（Carol Dweck）于2006年提出的成长型思维这一概念。成长型思维的理念是，我们的大部分基本能力都可以通过投入和努力去培养。德维克指出有两种思维——固定型思维和成长型思维，这两种思维模式是人在很小的时候就采用的，它们是我们最终成功、失败和幸福的原因所在。

当谈到复原力和成长型思维时，我们可能会忽略一些系统性过程和制度化机制，这些过程和机制使得某些个体（来自特定种族、社会等级或性认同的人，以及具有特定个人脑回路和脑化学的人）无法克服逆境。正如神经科学研究员兼临床医生斯蒂芬妮·法耶·弗兰克在播客“善见101”中接受采访时所断言的那样：“成长型思维并非每个人都能轻易获得的。”（Michael，2018e）有些事情会阻止我们获得成长型思维。弗兰克声称，这一概念被过度泛化，并已演变成教育领域的流行语，导致人们将其推向极端（Michael，2018e）。她将其称为超信仰（hyper belief），亦即自上而下的极端主义，它让我们全心全意地相信人定胜天，只要我们愿意，就可以改变大脑的结构，以至于忽视了环境对大脑发育有着巨大影响这一事实。

正如弗兰克在2018年的播客采访中所说，自上而下的极端主义的问题是，“这是一条危险的道路，因为它会在社会中造成冷漠感”（Michael，2018e）。此外，我们经常敦促学生接受失败，乐观地对待错误，在这样一种学习环境中，教师的责任以及针对班上每个学生因材施教的必要性就可能被成长型思维所消解。换言之，它可以创造条件，让人们觉得不需要去解决贫困、种族主义、创伤和其他阻碍人生成功的障碍。对教师来说，在那些面临贫困、种族主义和与身份相关的不平等所带来的极端逆境的社区中，这一套信念尤其容易成为问题。我们开始相信生活在极端贫困中的人仅仅需要相信自己时，就会产生这些人无力克服逆境的判断，并最大限度地淡化他们在其所处的政治和社会环境中的正当斗争。

作为教师，我们必须意识到，有些人一出生就处于劣势，这使得他们很难完全凭意志去克服逆境。必须承认，自身所处的环境确实会影响我们轻松快速向前跃进的能力。

当谈到复原力时，重塑型思维是一种可以采纳的比较有效的思维，因为它承认这样一个事实，即我们可以通过学习而变得具有复原力，也可以通过运用新的方法应对生活中的困难与挑战，而不拘泥于那些固定的、条件反射性的行为模式。莫泽、施罗德等人（Moser，Schroder et al.，2011）指出，复原力建立在这样一个认知基础上，即生活当中处处是错误、陷阱和失策。生活就像学习一样，会让人感到不舒服。重塑型思维充满希望，它根植于这样一种信念，即如果有了正确的工具和观念，无论生活中出现什么问题，我们都可以向前跃进。

泰德斯奇与卡尔霍恩（Tedeschi & Calhoun，1996）认为，当遇到困难时，我们不仅有机会复原到以前的状态，也有可能因为比以前看得更通透、更有力量和智慧，而向前跃进。向前跃进（bouncing forward），也被称为创伤后成长，是积极心理学领域的研究人员发现的能体现真正复原力的概念。反弹（bouncing back）意味着回到或反弹回逆境前的状态，而向前跃进则意味着逆境对你的心理、观念和信仰体系产生了变革性的影响。

倘若我们向前跃进，并发展出以有觉知的方式应对环境的能力，我们就可以做好准备，运用重塑型思维了。

如何运用重塑型思维

作为教师，我们经历过各种挑战，譬如倦怠带来的毁灭性影响、失去亲人、身边不好相处的同事或糟糕的办公生态、令人心碎的诊断结果、离婚以及其他许多可能将我们推向理智边缘的磨难。在对抗困境的过程中，掌握一种可以帮助我们渡过难关的方法，就显得十分重要了。重塑其实并不会改变现状，但选择如何看待这些困境，却能让我们振作起来并向前跃进。在段文杰和郭鹏飞看来，我们应对困难的方式决定了我们的性格。性格本身是在谋求生存和重新定位过程中的细小瞬间里逐步构建的。对境况的重塑始于从每一次挑战中寻找机会，给自己注入积极的信念和愿景，并推动自己前进（Duan & Guo，2015）。

在挑战中寻求机会

每一次艰难都蕴含着成长、自学、转型的机会。康尼科娃（Konnikova，2016）认为，我们的复原力大多来自我们对艰难的感知。弗雷德里克森等学者（Fredrickson et al.，2003）则指出，你越是积极融入富有挑战性的经历，你就越不会感到长久的痛苦。是不是说起来简单？当然，你不可能仅通过许愿就让痛苦消失，你得让自己能够处理生活中的失望感受，这点很重要。不过，为了继续向前，为了你的身心健康，你有必要编织一段富有感染力的故事，并将你的成长和学习归诸你的努力。

比如，你是市中心一所幼儿园的老师。你班上有一个经历过极端创伤的孩子，她经常情绪失控，每天都有逃学的可能（比如经常跑出教室和操场）。她还常常恶狠狠地打同学，动不动就把教室弄得一地鸡毛（把书架上的书撕掉，把椅子推倒，还到处乱扔书本）。作为包班教师（calssroom teacher），你的部分职责是保持冷静，并向学校寻求帮助，与孩子共同调整，帮助那些目睹过这个孩子发飙的其他孩子营造一个安全的空间，同时树立正确的榜样，理解和原谅这个孩子。当然，这需要巨大的情绪复原力，一种能为你提供长久支持的技能，并能让你面对各式各样的课堂挑战。积极应对挑战的方法之一，就是思考："我正在培养面对任何课堂情况所需的重要技能。我正在帮助这个孩子，成为她的软着陆点。我正在帮助其他孩子，让他们知道，成年人可以保护他们的安全。"尽管这种思维方式很难训练，但要想让情绪在挑战中不受影响，关键就在于找到一种被赋能的意义感。关于磨难，你的故事又是怎样的呢？你在挑战中找到了什么样的机会？

注入自己的正能量信念

遭遇挑战后，能够重新调整自己，部分是因为你所具有的自我意识。回想一下第一章有关正念意识的策略，这些策略能帮助你在反思以下问题时定下基调：我的优势是什么？我对目前的经历有什么看法？我现在最需要什么？

想象一下，你是一位中学老师，同时你正期待着自己第一个孩子的到来。怀孕前六个月的状态一直不太理想：你每天都在生病，对气味极端敏感，心情也是说变就变。在一个特殊的日子里，大厅里弥漫着一股刺鼻的古龙香水味道，这种味道混杂着体臭，犹如波浪袭来，让你濒临崩溃。在课间，你赶紧冲出大厅，跑去卫生间，然后在课间休息的最后两分钟，屏住呼吸，把自己锁在教室里，并在桌边哭泣。你可能觉得学生非常需要你，不可以叫人代课。你可能不会想到把产假当作病假来请。为了得到同事和领导的尊重，你可能会认为自己必须坚强、淡定，且必须坚持到底。然而，你真正需要的是照顾好自己的身体。同样，你的学生需要的，可能也是一位健康、敏锐的老师。于是，你申请其他老师来给你代课。

我们需要给自己留出反思的机会和时间，为采取最佳的后续行动创造空间（Neff，2011）。正念是培养重塑型思维的重要基础，它使我们适应并熟悉我们最需要用来补充自己的东西。

鼓舞自己前进

梅肯鲍姆（Meichenbaum，2006）指出，编织与你的努力相关的赋能性的故事，是创伤后成长之旅的一部分。真正的转变在很大程度上来自我们的后续行动。

依托渐进的、可预测的、常态化的行为，从而让自己循序渐进，这样做不仅有利于心理健康，而且对提高复原力也很有帮助。对珍妮尔·莫里森（见第51页）来说，她每天所采取的渐进行动对她的康复帮助很大。她的这份执着使她对目标坚定不移，不存在任何讨价还价——整整两年，她每天都雷打不动，行动一致。对阿莉·阿佩尔斯（见第48页）来说，通过善良忍者社会情感学习运动，她想出了一个能应对幼儿在课堂上的挑战行为的解决方案，从而为培养幼儿积极行动创造了理想契机。有时，我们需要牢记我们作为一个受创伤儿童的教育者的目标，以消除共情痛苦带来的影响。我们感觉不舒服时，应抽出时间离开教室，恢复健康。那么，你当下打算做什么？你能采取什么样的（细微）行动来促使自己前行？

在前行的过程中，任何人都可以做到目标清晰，只需要相信，这一切都是我们力所能及的，我们已经为成功获得复原力做好准备。

如何运用自我调节

根据心理学家斯图尔特·尚克（Stuart Shanker，2017）的看法，导致倦怠的部分原因是压力循环，以及我们无法控制外部压力对情绪和身体的影响。虽然大部分的外部压力都超出了我们的控制范围，但尚克建议，我们可以盘点生活中的压力源，找出能被我们控制的那些，并努力减少它们，以帮助自己在日常生活中提高自我调节能力和复原力。

自我调节是我们的身体和心智不断寻求平衡的过程。生活中的压力源会直接影响我们的自我调节能力，进而影响我们的复原力。图 2.1 列举了四种主要的精力或情绪状态，而这些状态通常受到环境和内部压力源的影响。

精神萎靡，情绪高度紧张 消极影响 个体表现： • 悲伤 • 焦躁 • 厌倦	**精神亢奋，情绪高度紧张** 消极影响 个体表现： • 生气 • 焦虑
精神萎靡，情绪低落 积极影响 个体表现： • 放松 • 平和	**精神亢奋，情绪低落** 积极影响 个体表现： • 开心 • 兴奋

图2.1 四种主要的精力或情绪状态

尚克指出了可能影响我们精神状态的五种压力源，包括身体压力、情绪压力、认知压力、社会压力和亲社会压力。

1. 身体压力：噪声、灯光、疼痛，甚至与他人接近，都会给你的神经系统会带来过度压力。想想 2020 年许多老师不得不在教学楼里进行面对面的授课，因为我们已经默认自己会在不知不觉中被感染，所以在教室里靠近学生时，我们往往会感到充满压力，而且这个身体压力是我们自身无法控制的。

2. 情绪压力：强烈的情绪（无论积极的还是消极的）会让人不知所措，甚至感到恐惧。因此，当情绪变得太强烈而无法处理时，一些行为会因为我们选择“关闭自己”而产生。比如，当我的一年级学生发生激烈冲突时，我就经常感到紧张和警觉。即使是对于积极的情绪，处理起来也很困难。任何假期都可能会对课堂教学造成挑战，因为孩子们太兴奋了。尽管这本身是一个积极的事件，但仍可能会增加情绪压力。

3. 认知压力：因对大脑工作记忆的巨大需求所产生的压力被称作认知压力。例如，当我们学习对认知要求很高的新事物时，比如用于课堂学习的新应用或技术，我们对挫折的容忍度就可能会比较低。

4. 社会压力：社会压力之所以成为一种挑战，是因为它往往围绕着归属感这个话题，而归属感是我们的基本情感需求之一。例如，一位新老师会因为要努力与新同事相处，处理意见分歧，甚至是在节日聚会上与人攀谈，而感受到社会压力。

5. 亲社会压力：我们感知他人压力的能力，本身就可能带来压力。也就是说，同理心会给我们带来压力。例如，当父母间发生冲突或一方感到痛苦时，如何开导他们、如何与他们沟通就很具有挑战性。有效的沟通需要我们运用同理心去理解他人的观点，而这可能会造成亲社会压力。我们中的许多人都会不惜一切代价去取悦他人，而这有时就意味着我们希望修复出现的任何沟通不畅。当我们发现自己试图通过察言观色来取悦他人时，或者当我们不断发现自己在应对他人的强烈情绪时，就会感到心理上的倦怠。减少亲社会压力是可以做到的。尚克（Shanker，2017）断言，减少生活中的负面压力源，会对你的健康和情绪产生积极的影响。

表 2.2 提供了压力的五个维度的细分类目和降低压力的相关例子。

表2.2 压力的五个维度

维度	最小化压力源的方法示例
身体压力	• 减少噪声 • 关闭灯源 • 外出呼吸新鲜空气 • 聆听舒缓的音乐 • 补充营养（健康饮食、多喝水）
情绪压力	• 营造反思间隙（参考第一章） • 做几下深呼吸 • 减少必做的事情 • 参考自我关爱行动清单 • 说出自己的感受
认知压力	• 预留更多的时间处理棘手的任务 • 将那些增加你认知负荷的任务外包出去（比如使用“Teachers Pay Teachers”① 等服务来规划一些大项目，或将报税工作外包出去） • 将整块的时间用于棘手的任务（同时处理多个任务并不总是有效） • 写下计划清单以免忘记

① Teachers Pay Teachers，美国的一个营利性教师在线知识分享平台。教师可在该平台上购买、销售、分享自己的原创教育资源，包括各年级各学科的单元设计、教学视频，甚至教室装饰材料、海报和教具等。——译者注

（续表）

维度	最小化压力源的方法示例
社会压力	• 寻找与朋友、家人的优质社交时间 • 避免闲聊 • 忙于应付他人时，要给自己休整或独处的时间 • 取消那些你无法招架的社交活动
亲社会压力	• 允许自己设立健康的边界 • 如果遇到共情痛苦，可以让自己先休息，然后向专家寻求帮助 • 屏蔽新闻和社交媒体 • 将自己放在第一位，不用考虑内心的愧疚感

在我们遭遇困难时，复原力是支撑我们恢复原来的状态、重新振作的能力，甚至有可能让我们因此拥抱更丰富、更有活力的生活。复原力的关键在于我们要有能力审视自己的信念并讲述自己所遭遇的挑战，能够致力于重塑消极信念，并通过采取可控行为来为自己的成功做好准备。如果能主动减少生活中的压力源，我们就能全力开辟一条前行的道路。逆境是无法避免的，但我们可以在逆境中向前跃进，学会适应，学会成长。我们可以培养重塑型思维，鼓励自己面对人生路上遇到的任何障碍。

如何激发你的重塑力

本章的这一部分内容包括强化复原力的各种策略。通过对思维、内心的自我对话以及信念的积极重塑，我们可以改变在他人和自己面前展现自我的方式。

重塑策略

在本节中，你将从练习写日志开始，鼓励自己审视某个极具挑战性的情形，并通过具体的反思质疑，找到继续前行的方法。紧接着，你将通过一个框架创造一段积极的自我对话脚本，从而发现正念梵咒所带给你的力量。最后，你将给自己写一封信。借助这封信，你将反思教师这一身份带给你的优势，庆祝自己在本学年所取得的杰出成就，回顾自己所学到的那些刻骨铭心的教训，并重新设想自己是如何对周围的人产生积极影响的。

复原力日志练习

在应对生活中的困难时，有必要关注自己对困难的认识和看法，发现并接受那些无法控制的事情，并改变那些能控制的事情，通过一种你可以看到成长机会的方式去重塑这种状况。复原力日志练习可以帮助你做到这一点：

1. 想一个当下生活中一直压在心头的挑战。

2. 在日志或手机里，用一两句话概括你所面临的挑战。

3. 参考可复制的“复原力日志练习”（见第 74 页），根据提示进行操作。

虽然重塑只是一个过程，但用日志记录下来，你就可以通过训练让这一过程成为习惯。在写日志时，别忘了践行第一章中提及的那些自我关怀的核心要素。要善待自己！

正念梵咒练习

林奇等人指出，梵咒是源于佛教的短语或偈语，通常被认为可以通过引导人进入平静的精神状态，对幸福感产生强大的影响。事实上，研究人员开始发现，梵咒能消除脑海内部的默认话语或自我对话中的消极部分（Lynch et al.，2018）。正向的梵咒或偈语能成为积极自我对话的脚本，从而抵消你对自身的限制性信念（Seligman，2011）。积极的自我对话是培养乐观见解和坚韧心态的重要组成部分，而后两者是重塑心态和避免倦怠的关键所在（Maslach & Leiter，2016）。不妨尝试以下四步练习：

1. 从职业或个人角度，列出三个你认为在自我效能感方面相对薄弱的、会引起消极信念的性格特征。用第一人称、一般现在时将它们写成一句话（比如：我总是迟到；我总是拖延；我为自己做事时很自私；我太认真了；我不能学习新东西；我在技术方面很糟糕）。

2. 针对这些消极特征或信念，想出一个能将劣势重塑为优势的角度。比如：如果你认为懒惰是你的弱点，那么这也可能意味着你能够放松和照顾自己；如果你认为自己太认真，那么这也意味着你值得信赖，比较专业；如果你觉得自己不擅长学习新技术，那么这同时表示你已经找到了一个新的成长领域。

3. 一旦你为每个弱点想出了相应的重塑方式，就用第一人称、一般现在时写下它们（比如：放松下来、照顾好自己有益于健康；我在工作中值得信赖，比较专业；我能做到努力学习新事物）。更多例子见表2.3。

4. 把这些重塑的方式写进日志里，或者用便签的形式把它们贴在镜子、冰箱显眼的位置上，也可以把它们做成电脑的屏保，甚至设置成手机上的定时提示，以此每天提醒自己认识到重塑消极自我对话的重要性。

表2.3　将消极自我对话转变为正念梵咒的例子

消极自我对话	正念梵咒
什么都不顺！我的课似乎总是不受学生欢迎	即便是在困境之中，也总有什么值得我去感激
我不是一个风趣的老师	我冷静、接地气，是学生的榜样
教书搞得我整天瞎忙，我都要喘不过气了	作为老师，我的选择在我手中

（续表）

消极自我对话	正念梵咒
这门技术我一点都不擅长！就因为我，学生都没学到这门技术	我不知道怎么做，但只要一步步慢慢来，我总能学会
我好担心，接下来一年会非常困难	接下来一年，我又将迈出最好的一步
我没有时间照顾好自己，我得把所有时间都用来备课	如果我优先考虑自己，学生们会更自在

励志梵咒

戴维·杰伊被称为“给力老师”，在美国田纳西州孟菲斯市任教。他每天用个性化的握手方式问候他的每一个学生，并自始至终用梵咒帮助学生发挥自己的潜力（Michael，2019f）。

下课时，他会让学生坐成一圈，一起唱歌曲《名人堂》（*Hall of Fame*）。

在我的教室里，我把四句鼓舞人心的短语印在墙上，以便每一位进入教室的人都能看到：

- 你真可爱
- 欢迎你
- 对自己好一点
- 用感恩的心开启每一天

将梵咒融入教室里的日常，能很好地帮助学生利用积极的自我对话去塑造他们的思想。

给自己写信的练习

几年前，在一个学年快要结束时的忙碌六月，我开始给自己写信。这就像一种仪式，我会在学期的最后一天把信封好，放在桌子左边的抽屉里。九月底，到了下一学年开始时，我会打开这封信，用心慢慢地、一个字一个字地看过去，让这些话印到我的脑海中，提醒自己：学生一定能到达他们需要去的地方——我只是在当下和他们有交集。在接下来的几个月里，我只需要把耐心、时间和信念铭记于心，就能保持顺利，避免精疲力竭。

在学年初，教师别指望每个孩子都能学习进步、成长迅速。因此，这封信就是用来提醒九月的我：如果按照六月的自己去做事，一切都会好起来的。

无论你教了多长时间，每到学年初，你都会觉得不堪重负，所以我要敦促你进行以下四步的写信练习，在年底将你的发现和智慧写下来，作为礼物送给你自己：

1. 先准备信纸、信封和钢笔。既然写信是一个象征自我关爱的行为，那么何不奢侈一下，挑些特别的纸和笔？

2. 在整个学年结束时，反思一下你当下的处境。可以从“给自己写信”问题单（见第75页）中择取任何问题组合，并用信中的一些短语进行回答。写这封信时，要像给朋友写信一样，提醒对方所有顺利的事情、所有学到的东西，以及所有曾克服的挑战。

3. 写完信后，签好名，装入信封，写上自己的地址。把信放在显眼的地方，以确保学年开始时能找到它；或者直接把信邮寄给自己。

4. 在手机或日历上设置提醒，提醒自己在开学第三周打开这封信。那个时候，新学年的光芒已然消失，你逐渐开始感到不堪重负。信里的内容可能会提醒你：你是多么能干，你能胜任这一切。这将激励你打起精神，去接受未来一年的不确定性。

本章小结

复原力是教师全心投入教育的关键，因为教学可能会让人筋疲力尽、压力巨大，甚至引发内心的创伤反应。能接受各种际遇并且将之消化，同时创造出能发挥作用的内在叙事，使我们能够以积极的方式重新定义我们的处境，从而为我们的学生、同事、学校和亲人提供更多的帮助。

在第二章中，我们了解了与复原力相关的研究，探讨了如何培养重塑型思维。我们还探讨了限制性个人信念所带来的诸多挑战，以及当我们感受到被自我叙事所限制时重新调整自身想法的诸多方法，比如复原力日志练习，为内心的自我对话打造正念梵咒，学会主动减少生活中的压力源，以及通过给自己写信提醒自己具备复原力，等等。

复原力日志练习

目标	记录要点
确定挑战中最困难的部分	我觉得最困难的部分是……
确定你的感受	此刻我感觉……
说出你的想法和信念，然后确定这些想法和信念是有益的还是有害的	我的想法是…… 我相信…… 这些想法和信念是有益的还是有害的
将那些你无法控制的因素罗列出来	我无法控制的因素有……
将那些你能够控制的因素罗列出来	我能够控制的因素有……
确定挑战中可以学习的部分	我如何才能更好地解释这种情况
想象一个理想的结果	这种情况下可能产生的最好结果是什么
制订一个行动计划	在我的控制范围内，我可以采取什么样的小行动来推动自己在这场挑战中前进

“给自己写信”问题单

请回答并思考以下问题：

- 今年有什么事情进展顺利？
- 我克服过一个什么样的挑战？
- 我从学生那儿学到了什么？
- 我从家长那儿学到了什么？
- 我从同事那儿学到了什么？
- 今年我最引以为豪的时刻是什么？
- 本学年让我感到惊讶的是什么？
- 我眼中最大的失败是什么？我从中学到了什么？
- 我有哪些个人习惯使得我在本学年取得了成功？
- 学校体制内的哪些方面对我的工作有帮助？
- 今年是谁让我感受到与学校紧密相连？
- 今年我达成了哪些工作目标和个人目标？
- 我尝试了什么新事物并且效果不错？
- 当接手一个新班级时，关于自己，我需要记住的一件事是什么？
- 一个新学年开始时，我需要提醒自己什么？
- 去年我若采纳什么样的建议会使事情变得更为简单？

第三章

重新聚焦：如何用意图来实现目标和梦想

没有计划的目标只是一个愿望。

——安托万·德·圣-埃克苏佩里

卡斯卡、科扎克与布洛赫（Kaschka，Korczak & Broich，2011）指出，在教学中感到倦怠会加剧目标和方向的缺失，从而让教师感到不安、沮丧，甚至对自身失去信心。面对逆境和压力，若想保持复原力，某种程度上直接取决于我们继续向前的意识，以及我们是否有能力为自己制订与个人和职业目标相关的具体而有意义的行动计划。桑托罗（Santoro，2018）认为，为了全心全意投入教育者这个角色，我们可以重新聚焦，朝着与“我们是谁”以及“我们想在课堂和个人生活中成为什么样的人”的目标相一致的方向继续前进。在拉维和博克尔（Lavy & Bocker，2017）看来，在上述过程中要考虑我们的价值观、理想和动机，并以此校准内心的罗盘，对我们来说很有帮助，能让我们在工作中找到目标和意义。

在本章中，你将探索有关重新聚焦于适当目标的各种研究方法。你将了解目标的类型、意图，以及在教育语境下设定和实现目标的益处。在深入研究目标设定背后的神经科学之前，你将习得目标设定的九个步骤，并学习 SMART 目标框架。在本章的后半部分，你将了解几种策略，从而帮助你提高重新聚焦和设定目标的能力，包括如何确定个人愿景、如何解决时间和日程安排问题以及如何保持个人激情等。

关于重新聚焦的各种研究

马林（Malin，2018）认为，作为教师，如果感觉自己在学校的角色目标较为宽广，能发挥出作用，往往会更快乐、更满足，压力也更小。胡克（Hooker，2020）则指出，设定目标是个人获取内在目标感和激情的最好方式之一，能让人产生整体效能感和满足感。正如维克托·弗兰克尔（Viktor Frankl）在其著作 *Man's Search for Meaning*[①] 中所说："（人们）真正需要的不是一种没有张力的状态，而是为某种值得（他们）追求的目标而努力奋斗。（我们）需要的不是不惜任何代价去释放紧张，而是那种等待（我们）去实现潜在意义的召唤。"人类创造意义的需要是生活的主要动机之一。而生活的意义，来自我们在其中的角色、目标和成就。

---

① 该书的简体中文版已由华夏出版社、生活·读书·新知三联书店等出版，译名有《活出生命的意义》《活出意义来》等。——译者注

幼儿园里的善举

劳里·麦金托什（Laurie McIntosh）是加拿大艾伯塔省的一名幼儿园老师。她致力于教学生善举的意义，并通过社交媒体与日益壮大的线上社区分享她那些鼓舞人心的想法。以下是她在课堂上收效明显的做法：

• 善良的披风：劳里鼓励幼儿园的孩子把善良视为一种超能力。在特殊的日子里，她会把披风放在每个学生的座位上，以表示全班学生将要去做友善之举。她和班上的孩子们经常去参观老年中心，在社区巡游中宣传善意，并通过募捐等形式提高人们对无家可归人群的认识。

• 梦想、需求和能力盘点：劳里每年都会对学生做一次梦想、需求和能力盘点，帮助所有的孩子看到自己有待发展的领域和潜能，以及他们已经拥有的优势。她的大多数与善举有关的教学，都是从鼓励学生爱自己开始的。

• 爱心俱乐部：劳里与同事一起成立了国际慈善团体“爱心俱乐部”（the Kind Club），借助社交媒体和自建的网站，每月向自我下战书，在全球推广慈善事业。其中我最喜欢的挑战行为如下：为当地图书馆制作爱心书签，在石头上画上励志格言并散放在社区里，与全班同学一起坚持每日感恩，等等。

劳里对善举的关注使得她与全球知名教育家、作家和艺人们建立了紧密的联系，并两次登上了《艾伦秀》（*The Ellen DeGeneres Show*）的舞台！她甚至和乔迪·卡林顿（Jody Carrington）共同撰写了《现在的老师们》（*Teachers These Days*），和教师们分享她的想法。

劳里是教师们的榜样，她以目标为导向，始终如一地为自己的行为设定有意义的目标。她每天都在努力工作，向学生灌输对学习的神奇热爱，并反过来让自己也感到了充实。

奥伯尔、韦赛利等多位学者（Oberle et al.，2016；Vesely et al.，2013）指出，自我管理、负责任的决策是教师获得幸福感、信心和社会情感能力的关键要素。根据杰出教师和幸福感研究者金伯利·舍纳特－赖克尔（Kimberly Schonert-Reichl，2017）的说法："教师是压力最大的职业之一；此外，课堂上的压力具有传染性——简单地说，压力过大的教师往往会让学生感到压力过大。"作为教师，健康的一个关键指标就是对自己的角色感到满足并充满热情，而缺乏效能、愤世嫉俗和心力交瘁则会导致潜在的倦怠（Oberle et al.，2016）。布伦斯丁、斯瑞克维奇和莱恩（Brunsting，Sreckovic & Lane，2014）发现，有以下特征的教师往往能够更成功地实现个人和职业目标：

1. 能养成有效的目标设定习惯。

2. 在实现目标的过程中，能自觉地接受自己的感受，控制冲动，并克服一些不可避免的干扰及意外因素。

3. 拥有朝着关键目标不断推进的自我驱动力。

4. 拥有在实现目标过程中对时间、现场、材料和信息的组织管理能力。

昆特和霍尔茨伯格（Kunter & Holzberger，2014）认为，当我们能够通过以内心为中心的方式成功且持续地实现自己的职业和个人目标时，我们就更有可能感到成功和喜悦，不仅在课堂上如此，在生活中亦是如此。

目标设定与橡皮筋类比

在谈及目标时，我喜欢用橡皮筋做类比，这是我在和朋友克里斯汀・温斯（Kristin Weins）谈话时学到的。她是加拿大不列颠哥伦比亚省苏克学区的一名包容性教育教练（inclusion coach）。想象一下，我们一直处于向前运动的状态，手里紧紧握着一条与未来目标相连的橡皮筋。当我们朝着目标前进时，橡皮筋可能会从右向左摆动，越来越接近目标，但也可能离目标越来越远。如果你把橡皮筋拉得太紧，橡皮筋就会断裂；当目标不切实际或过于高远时，它就无法实现。不切实际的目标会导致巨大的压力，令人失望或失去自信。相反，如果橡皮筋太松，目标就没有足够的挑战性，无法将我们带入一个积极的、理想的学习区域，去体验积极的转变和成长。相反，我们会发现自己被困在现状之中，无法成长，也无法超越已有的经验。没有张力的橡皮筋无法发挥其伸缩功能。目标需要有足够的张力，才能成为积极成长的催化剂，但也不能紧绷到难以实现。最要紧的是，我们应重新聚焦并将我们的橡皮筋连接到一个有望达成的未来目标上。这样一来，无论当前看似离这一目标有多么遥远，我们都可以相信这条橡皮筋会固定在那儿，拉着我们，轻轻地引导我们走向我们所希望和愿意去的未来。

在谈到过一种有目的、有意图、有意义的生活时，目标的设定便显得至关重要。目标面向的是我们自身的能力和表现，是我们采取行动、评估行动效果与调整自己以实现积极的整体愿景的一贯方式。目标设定则是我们着手实现目标的过程。研究者埃德温・洛克（Edwin Locke）和加里・莱瑟姆（Gary Latham）花了多年时间研究目标设定理论，他们在 2019 年指出，没有目标的生活是一种没有意义的存在。如果我们想成为出色的教师，我们就不能保持被动。要想在课堂内外茁壮成长，我们所有人都需要目标和行动计划，以此来推动我们过上我们想要的生活（Kunter & Holzberger，2014）。

目标有哪些类型

根据达农、布特拉等研究者（Darnon et al.，2007）的说法，目前已确定有两种主要的目标类型，即绩效目标（performance goals）和掌握目标（mastery goals）。绩效目标往往与外部的成功轨迹一致，而掌握目标则与内在的成就感和成功感有关。

1. 绩效目标：扬克等人（Janke et al.，2016）认为，最直接的目标类型是绩效目标。我们通常对此类目标设有期限，以便判断目标是否成功实现。此外，绩效目标往往与成功的外部指标相联系，这意味着我们需要依靠第三方的判断来确定最终的成功或失败。

在教学上，我们从宏观的层面为学生共同设定了贯穿全年的各种绩效目标（无论大小），而每一天，我们又在微观的层面上如法炮制。比如，我们为学生精准设定在学期结束时达到与其阅读水平相匹配的特定目标，或者以任意两周为时限，给学生设定与学习乘法表相关的能力目标，并通过学生在测试中得满分来证明他们达到了这一目标。

由于绩效目标以有限的外部结果为基础，因此，一旦我们达到了特定的目标，就很难继续保持动力去追求更长远的目标（Janke et al.，2016）。同样，如果我们拼尽全力去实现目标，我们的动机也会降低；我们可能会因为缺乏实际进展而不知所措或垂头丧气。此外，绩效目标根植于稀缺性，即人们深信，众所周知的馅饼只有这么多，这会助长不健康的竞争意识和不惜一切代价获胜的欲望。

2. 掌握目标：波尔特弗利特和达农（Poortvliet & Darnon，2013）认为，相对而言，掌握目标强调的是过程，以及获得对某项技能、方法的掌握感。谢弗勒和沙夫纳（Schiefele & Schaffner, 2015）则指出，掌握目标涉及特定任务或领域中成功的内部指标，而非外部的成功标志。当我们为自己设定掌握目标时，目的就是尽可能做到最好。我们做好自己的事情，而不用去和别人比较谁的成就更高。掌握目标往往没有一个明确的截止点，因此维持动机的关键在于持久、毅力，以及培养不断进步才是成功标志的信念。从本质上讲，总有更多的东西需要我们付出努力。掌握目标的困难在于它更具不稳定性，不受时间限制，并且更难衡量（Poortvliet & Darnon，2013）。然而，这种更丰富的目标设定方法能够让我们努力发挥自己的潜能，按照自己的节奏去实现志向。

在课堂上，我们可以围绕技能的获取与应用去设定掌握目标。例如，我们可以为学生设定一个目标，让他们在社会研究课的某个单元中利用符合年级水平的文本材料去理解特定的主题。再如，我们可以鼓励孩子在学期结束前到操场上运用特定策略解决相关问题。

为什么要有目标

人们往往会觉得需要规划未来。乔杜里（Chowdhury，2020）认为，我们给自己设定目标主要有两个原因：解决问题，激发愿景。

1. 问题解决式的目标设定：创设目标的首要原因是存在着不足之处。我们对自己的生活进行评估，无论是从个人角度还是从职业角度。结果发现，有些事情需要改变，因为当下的现状已不再符合我们的需求。正如麦克丹尼尔（McDaniel,2016）所言，我们看到了问题，于是想要解决它。那些在生活中寻求自我完善的人往往就是问题解决者。问题解决者立足于当下环境，并且往往注重细节。他们想要预见隐患，并且希望在努力改善当前生活状况的同时牢牢把握现实。他们倾向于从结果考虑，以日常工作为导向，并设法规避风险。

2. 愿景激发式的目标设定：设定目标的第二个原因来自对光明未来的愿景激发（McDaniel，2016）。换言之，我们发现自己正为一个可行的、乐观的未来调整自己的意图，而不是总在寻找不足之处。受激发的目标设定者会展望未来的各种可能性并谋划全局。他们以积极、热情、雄心勃勃（甚至不切实际）的眼光看待未来。这样的目标设定者喜欢变革，喜欢创新，喜欢不确定性。

明确你是哪一种目标设定者，有助于你对所向往的未来有一个更清晰的愿景（McDaniel，2016）。接下来，我们看一下在教育背景下设定目标有哪些好处。

在教育背景下设定目标有哪些好处

鲍利克等学者（Paulick et al.，2013）指出，在教育领域，给自己设定目标的教师通常能在自己的课堂和自我效能上看到显著提高。根据坎普（Camp，2017）的研究，那些特别致力于提高教学能力的教师往往教学热情高涨，认为自己在总体上比别的老师更胜一筹，并且会有更积极的自我概念。

巴特勒和希巴兹（Butler & Shibaz，2014）认为，设定目标还可以改善我们与学生之间的关系，提升他们的课堂表现。比如，当教师设定同学生搞好关系的目标时，学生往往会认为教师是支持他们的一分子，他们的积极性就会增加（Butler，2012；Schiefele & Schaffner，2015）。此外，目标设定对那些刚刚开启职业生涯的教师来说尤其重要（Paulick et al.，2013）。目标可以帮助我们确定自己想成为什么样的教师，并努力实现这一理想（Mansfield & Beltman，2014）。并且，在总结成就时，我们还可以带着自豪回顾这一年的成长。

毫无疑问，目标的设定不仅是教师个人发展和职业成长的基本内容，也是学生进步的重要组成部分（Moeller et al.，2011）。弄清楚我们的目标只解决了部分问题。奥布莱恩等人（O'Brien et al.，2015）指出，真正重要的是认识到构建强大、有效的目标的核心要素，这将有助于你在下一学年取得更为显著的专业和个人提升。

如何规划目标

对某些教师而言，设定明确的目标也许很容易；但对另外一些教师而言，这是不大可能完成的任务。无论你是一个问题解决式的目标设定者，还是一个愿景激发式的目标设定者，想要规划一条清晰的路线都并非易事。无论你倾向于从全局的宏观视角聚焦到局部的微观视角来看问题，还是以从局部到全局的角度去看待过程，创建目标都离不开一些基本而必要的有效组成部分。以下九项行动为设定目标提供了已被证实行之有效的方法（O'Brien et al.，2015）：

1. 明确目标：由于在方法上过于模糊和宽泛，我们在设定和实现目标时常常会觉得困难重重。因此，正如洛克、莱瑟姆、莫里萨诺等研究者（Locke & Latham，2002；Morisano et al.，2010）所言，明确并专注于你的目标显得十分重要。几个问题能帮助你梳理思路，无论是作为普通个体还是作为专业教师，你都能借此调整自己的总体目标。

- 在你的生活中，什么是最重要的？
- 是什么为你在课堂上所做的工作赋予了意义？
- 当你感到失落时，什么能帮助你？
- 当你遇到挑战时，是什么让你坚持下去的？
- 有哪些关键的转折点让你决定以不同的方式前进？
- 是什么激励了你？
- 有谁从专业领域和个人层面激励你成为最好的自己？

2. 想象：在为未来创造积极的愿景时，我们的想象力本身就是一种丰富的资源。根据奇玛和巴奇（Cheema & Bagchi，2011）的研究，想象是寻求和实现目标的强大动因。当我们看到自己已经完成了一项任务或取得了一项成就时，我们会更有动力去继续追求这个目标，因为它看起来仿佛唾手可得。通常，我们需要做的是给自己一些明确的提示，再给自己一些时间，以及沉浸在各种未来的可能性之中的机会。利用感官锚定未来的愿景，能让你开辟出一条前行的道路。

- 在你的课堂或个人生活中，成功是什么样子的？
- 在你的职业生涯或个人生活中，成功会带给你什么样的感觉？
- 当你的职业生涯和个人生活一切顺利时，你有哪些体验？（通过感官——比如味觉、嗅觉和触觉——思考这个问题）

3. 确定当下的境况：通过目标设定和有意图的行为来开创一种前行的新路径，首要的一步，是认可和明确你当下所处的现实。通常，在你当下所处的位置和你想要抵达的高度之间存在着差距。如果你还没有确定现实和目标之间的距离，你可能很难适应新的未来。意识到你必须克服一些现实的困难，这有助于你更加现实地认识目标。

- 从职业（课堂教学）和个人（生活）的角度看，你认为你的未来愿景由哪三个主要要素组成？
- 你目前的生活与未来的愿景在哪三个方面存在着差距？
- 在朝着新目标前进的过程中，你最容易实现的转变会是什么？

4. 明确你的天赋：布斯基拉－亚姆与克鲁格（Bouskila-Yam & Kluger，2011）指出，在设定职业和个人目标时，一个重要的方面就是要根据自己的倾向和过往经历了解你能具体拿得出手的技能和优势。这些优势不仅可以帮助你在迈向愿景的过程中保持动力和毅力，还可以让你对自己完成任务的效能深信不疑。

- 当你处于最佳状态时，在职业和个人方面，你比别人有什么优势？
- 当在教学和生活中与他人合作时，哪些方面让你最为满意？

- 哪些事能激发你的最佳潜能？
- 在其他人（你的同事、管理者、教育助理甚至学生）看来，你有什么优势？

5. 识别障碍：目标设定必须包含对未来某些挑战的预测（O’Brien et al.，2015）。如果总是出现一些小意外或资源短缺的情况，你就会在实现目标的过程中一筹莫展。前瞻性思考是取得成功、获得自我效能感的关键。设法识别潜在的困难，会让你获得长远的成功，尽管在前进的道路上会遇到一些挫折。在开始向一个新目标努力时，请你问自己几个问题：

- 在实现目标的过程中，你预计最大的困难是什么？
- 为了规避这些困难，你可以提前做哪方面的规划？
- 为了实现这个目标，你需要建立哪些联系？
- 为了克服你所遇到的一些困难，你需要哪些方面的资源？
- 为了实现这个目标，你需要学习哪些东西？
- 为了实现这个目标，你需要停止哪些事情？

6. 确定伙伴和盟友：设定目标和实现目标看起来像是一场单枪匹马的奋斗；不过，研究表明，在设定目标时，你邀请参与的人越多，实现目标的概率就越大（O’Brien et al.，2015）。当他人为你的成功投资时，他们就可能为你的目标贡献自己的力量。这些额外的资源对实现你的目标无疑是令人欣然接受的馈赠。花点时间思考几个问题：

- 谁能帮助你实现目标？
- 这个人如何帮助你？
- 你们的合作是互惠互利的吗？
- 为了实现目标，你需要建立哪些关系？
- 谁可以充当指导者或督促者？

7. 选定行动策略：既然你已经建立了一个清晰的愿景，确定了与目标相关的优势和障碍，同时圈出了那些能帮助你实现抱负的举足轻重的人物，接下来你就必须采取行动了。行动计划可以确保你的目标从理想化的愿望转变为可触摸的结果（O’Brien et al.，2015）。在制订行动计划时，你需要审视目标和现状，同时评估优势和局限性，从而完成一个清晰且有序的行动计划去实现你的目标。另外，行动计划还包括找出实现你理想未来所需的关键步骤。

· 为了实现愿景，你需要采取哪些关键的里程碑式行动和重大举措？你需要什么？谁能督促你保持责任感？为实现更大目标和相应的里程碑式行动，你确定了什么样的时间表？你如何确定已经取得了重大进展？你将如何查看你的进展？

· 在这些大的里程碑行动中，有哪些较小的行动步骤？你需要什么来实现这些较小的目标？谁将督促你在各个阶段保持认真负责？为实现这些阶段步骤，你确定了什么样的时间表？你如何确定这些阶段步骤已经完成？你将如何持续查看自身进展？

8. 承诺：有一个愿景并为此制订计划是一回事，可在某些时候，你还必须对自己坦诚以待，思考自己是否真的有能力去追寻目标。通常，教师承担新的承诺是没有任何问题的。然而，当我们想要整理和减少我们的承诺时，困难可能就出现了（O’Brien et al.，2015）。我们几乎可以做任何事情，但我们不可能把所有事情都做好。为了提高效率，你必须明确地选择你的承诺。你必须简化追求，以扩大成果。

· 你是否愿意投入这个职业或个人成长旅程？

· 你能否持续地对自己和他人做出承诺以实现这一目标？

· 为了实现这个新的承诺，你是否可能会在职业或个人方面放弃什么？

9. 克服障碍：尽管你可能充分考虑到了相关的障碍和有限的资源，但在追寻目标时，你仍有可能被那些你无法控制的事件或情况弄得措手不及（O'Brien et al.,2015）；另外，还有那些难以避免的盲点。因此，你必须做好准备，随时面对和接受障碍。你的适应性在一定程度上需要你发挥自己的反思能力。在实现目标的过程中，对计划进行定期检查，也是考量你是否处在正确的轨道上，或者是否需要将你的努力重新聚焦的一个重要因素。空出时间去反思和解决问题是非常有必要的。请参阅第一章，了解如何从忙碌的一天中抽出时间，同时思考几个问题：

· 哪些事情进展顺利？

· 哪些事情的进展没那么顺利？

· 到目前为止，你学到了什么？需要做哪些改变？

· 你更大的目标是否仍然与你的身份、你的需求以及你想去的地方有关？

· 你目前的发展轨迹有什么问题吗？与你目标相关的最紧迫的问题是什么？有没有其他方法可以绕过或解决这个问题？在朝着更大目标前进的过程中，你能采取什么样的最佳解决方案？

关于目标设定，有很多具体可行的方法。但本质上，无论你采用哪种方法，成功的目标都需要你清楚地认识并想象出结果，也需要你处理好当下的情况，分清楚自己的优势和存在的障碍，确定那些能帮助你实现目标的社会关系，制订行动计划，全心全意地朝着你的目标前进，并随时解决出现的问题。在这样一个宽泛的框架内思考目标的设定，可以使你的努力事半功倍。

SMART目标框架

一旦对自己想要改变的领域有了清晰的认识，你就应该进一步明确具体细节以将目标付诸实践。教育领域的许多人运用 SMART 目标框架与学生和同事一起设定目标。以豪伊（Haughey，2014）、克莱因盖尔德（Kleingeld et al.，2011）为代表的学者用大量研究表明，SMART 目标框架因其具体性和意向性而效果显著。

SMART 目标框架最早由商人乔治·T. 多兰（George T. Doran）于 1981 年提出，后来不断发展，成为一种描述目标重要特点的有效清单（Haughey，2014；Rubin，2002）。SMART 框架规定有效的目标必须是具体的（specific）、可测量的（measurable）、可实现的（attainable）、相关的（relevant）以及有时限的（time-bound）。虽然首字母缩略词有不同的版本——例如包括附加的字母 E（evaluate，评价）或 R（review，回顾），但我引用的版本非常实用，且在全球教育和商业机构中被广泛使用（Rubin，2002）。表 3.1 包含 SMART 目标框架的详细解释和相关示例。

表3.1 SMART目标框架

步骤	要问自己的问题	说明	示例
具体的	• 我要实现什么 • 这个目标为什么重要 • 它会涉及哪些人 • 它会在哪里发生 • 我需要哪些资源	明确你要采取的行动，包括行动何时发生、在何处发生、谁将参与行动以及行动包含哪些内容	不说“我在学校会更投入”，而说“我会通过每天引入新的挑战来激发兴趣和促进对话，提高学生在本周课堂讨论中的参与度”

（续表）

步骤	要问自己的问题	说明	示例
可测量的	• 多久一次 • 多少 • 我如何知道目标已经实现	明确你将如何衡量目标的进展。保持目标的可测量性有助于我们保持积极性并跟踪进展	不说“我会更频繁地与学生交流”，而说“我会每周花三段时间与班上每个学生进行交流”
可实现的	• 我需要什么才能成功 • 受现实的限制，这个目标还可行吗	以橡皮筋做类比，具体说明你将如何保证这个目标既可实现，又略带挑战。如果我们过度拉伸或资源需求超出现实，目标就很难实现了	不说“今年我要完成硕士学位，做全职老师，开启新事业，养大我的双胞胎幼儿”，这样没啥用，不如聚焦于一两个大目标，比如“今年我将专注于成为全职老师，每学期修完一门硕士学位课程，养大我的幼儿”
相关的	• 这个目标对我来说重要吗 • 现在是实现这个目标的恰当时机吗 • 我是实现这个目标的合适人选吗 • 这个目标与我对未来的愿景一致吗	保持与目标的相关性。确保目标与自己的价值观和愿景保持一致，以便更有可能实现它们	不说“我的压力很大，因为我的爱人要换新的工作，我在课堂上要做好本职工作，作为父母我要尽好义务，同时我还得接受部门领导这个新角色，因为我不想让校长失望”，更好的说法可能是“我想推进我的职业生涯，但今年我不太适合接受部门领导这个职位”

（续表）

步骤	要问自己的问题	说明	示例
有时限的	•我将从何时开始 •目标需要何时完成 •我的短期任务是什么 •我的长期任务是什么 •今天我能从什么地方开始	认识到在设定有效目标时，时机是一个重要因素。为了完成目标而设定切实可行的时间表，能在一定程度上防止沮丧和拖延	不说“总有一天，我会整理我的教学活页夹，致力于采用更线性的课程规划方法”，而说“我想整理我的教学活页夹，在准备阶段，我将利用每个周一整理一个活页夹，这样我就能在六周的时间内完成整理课堂材料的总体任务”

目标设定的心理学

如果我们能简单地通过遵循那些已被证明行之有效的重新聚焦理论，去实现目标并获得成功，那当然是令人欢喜的；不幸的是，对于大多数从事教育行业的人来说，还有其他变量会使得目标的设定和实现变得极具挑战性。首先，既然目标本质上是我们对未来发展轨迹的一种预期，我们就需要考虑自己应对内在预期和外在预期的方法路径。其次，我们有必要审视目标的性质，以及内在或外在的激励因素是否会使我们更有效地实现愿望（就像我们在课堂上对待学生一样），这对我们很有帮助。最后，探索一些有助于实现某些目标但同时又会阻碍其他目标实现的脑回路，可能会让人大开眼界，因为神经科学能提供对某些目标的深入见解，而这些目标往往比其他目标更难实现。

许多教师每天面临的挑战之一就是要决定如何激励包括他们自己在内的人，以此去实现他们的目标。格雷琴·鲁宾（Gretchen Rubin）

于2017年提出的“四种性格趋向”理论（Four Tendencies）揭示了人们应对内部和外部预期的方法，这可以帮助我们去理解如何更成功地实现我们的目标，并帮助我们周围的人去实现他们的目标。

按照鲁宾（Rubin，2017）的观点，我们所有人都会面临两种预期：① 外设预期，如期望在特定的时间框架内取得课程上的成果，或期望满足那些具有挑战性的家长的要求，而这样的家长也一直在努力满足其孩子的需求；② 内设预期，如与学生建立更深层次的联系，或开始为授课准备更健康的午餐。我们如何应对内设和外设预期，能表明我们在鲁宾提出的四种性格趋向中属于何种倾向。如果我们了解自己的偏好，我们就更有可能利用自己的优势，增加实现个人目标的可能性。如果我们了解学生的偏好，我们就更有可能帮助他们发挥在课堂上的潜力。

在 *The Four Tendencies*[①] 一书中，鲁宾（Rubin，2017）列举了四种性格趋向的人如何用不同的方式应对预期。

1. 支持者趋向（upholder tendency）： 支持者往往能轻松地满足外设预期，也能成功满足自己的内设预期。举个例子，简可能会非常用心地按时提交她的成绩单，为此，她每天晚上都得花几小时来完成这项工作；而如果她的目标是每天在学校喝八杯水，那她也总能实现这个目标。支持者往往能够顺利地重新聚焦并完成他们的个人及职业目标。由于支持者往往习惯于按部就班地工作，因而当事情超出他们的控制范围时，他们就会感到挣扎，觉得紧张。比如，像简这样的人最初可能会因为预期不明确而难以适应新的课程。不过，只要学会顺其自然，支持者往往就能从中受益。

① 该书的简体中文版于2019年1月由中信出版集团出版，译名为《掌控关系》。——译者注

2. 守义者趋向（obliger tendency）：守义者会倾向于满足外设预期，但同时也在努力实现自己的内设预期。他们会讨好他人，将他人的需求和期望放在自身之前。举个例子，蒂姆每天放学后都会自愿留下来辅导学生，因为这对学生来说是件好事；但他不能为了自己的健康而定期去健身房锻炼。由于守义者在对外责任方面表现良好，因此他们很容易通过建立外部责任来满足内设预期。比如，只要有健身房伙伴，蒂姆就能从中受益，因为伙伴的存在能让他担负起实现自己个人健康目标的责任。

3. 怀疑者趋向（questioner tendency）：怀疑者会仔细研究所有的预期，包括内设预期和外设预期。怀疑者往往会非常依赖他们对环境的理性认识。如果合情合理，他们会接受并满足预期。然而，如果有哪个预期看起来是随意选定的或者没有收益的，怀疑者便往往会放弃努力，不去满足该预期。提供一个清晰而合乎逻辑的原因，才能努力说服怀疑者去满足预期。比如，卡罗尔的领导告诉她，她不能在校外远程参与专业发展培训，即便这样的培训会议是可以在线上进行的。她很受挫，因为她自知能约束自己参加所有的远程会议，她不想仅仅为了满足校长的外设预期而浪费时间跑到学校去。卡罗尔是这样一种人：在选择如何使用专业发展资金之前，她会考虑所有可能的选择。有时候，所谓的上策就是做一个足够好的决定，对卡罗尔这样的怀疑者来说，记住这一点十分有用。

4. 叛逆者趋向（rebel tendency）：叛逆者往往会对任何预期都予以抵制，无论是内设的还是外设的。他们不喜欢别人告诉他们该做什么，无论对方身处学校哪个层级。有趣的是，这种抵制延伸到了他们对自己的预期，这意味着他们经常阻碍自己的进步和成功。比如，叛逆者莎拉不会与同事一起报名参加一个距离当下有些时日的周末会议，因为她不知道自己那个时候会想做什么。同样，莎拉也很难实现她的健身目标，因为每当她准备出去锻炼的时候，她就是不想去（即使这个目标长远来看对她很重要）。萨拉最好还是减轻压力，实现预期目标，简单地提醒自己："我想实现这个目标。这对我来说很重要。"

鲁宾（Rubin，2017）的四种性格趋向模型提供了深度的洞察，当我们打算重新聚焦自己，设定与个人身份相一致的新目标时，这样的洞察能帮助我们预测可能会面临的一些障碍。此外，一旦了解这些障碍，我们就能找到方法来减轻它们，并激励自己更轻松地去满足内设预期和外设预期。

表 3.2 举例展示具有四种性格趋向的教师——支持者、守义者、怀疑者和叛逆者——是如何以不同的方式来实现课程规划的。

表3.2　不同性格趋向者对课程规划的不同做法

趋向	描述	年度计划和课程计划策略	引导性格趋向的有用提示
支持者	轻松地满足内设预期和外设预期	善于跟进计划 "我始终将每周计划与月度计划和年度计划相互对照，确保它们保持一致"	这个方法对实施计划很有帮助，所以要坚持，但也一定要把握意外出现的教学时机。灵活性和自发性也能带来强大的学习能力
守义者	满足外部规则，但内心在努力满足自己的预期	严格遵守课程义务，但有时会偏离计划，转而采用其他人的方法 "我始终忠于规定的课程目标，但如果在社交媒体上看到一些很酷的东西，或者对面的同事有更好的方法来处理这节课，那我就会放弃我的计划"	这种方法受到领导和家长的重视，因为它能保证所有的课程预期目标都得到实现。一个需要注意的地方就是，你可能会因为别人的教学计划看起来更棒，而将自己花费大量时间设计的优质课程换掉。不要试图与他人比较，相信你的教案质量，如果教得有效，那就坚持下去

（续表）

趋向	描述	年度计划和课程计划策略	引导性格趋向的有用提示
怀疑者	质疑内设预期和外设预期，只坚持在特定环境中对他们有意义的东西	坚持计划，只要它们合乎道理 “只要年度计划能与我们的兴趣产生有意义的联系，我就会坚持。如果我觉得年度计划过于想当然，我就会放弃。我经常放弃周计划，转而关注学生的兴趣或课堂探究的方向”	通过是否有利于学生的学习和个人的价值取舍的角度，持续怀疑课堂教学的有效性。不过请记住，对一堂课进行过度的思考会浪费你的时间和宝贵的精力。有时，我们不得不接受“完成比完美好”的观点
叛逆者	难以满足任何预期或是遵守任何规则，尤其是看似随意选定的预期和规则	很少直接遵循甚至不制订年度计划 “我很少关注长期的课程计划，我更倾向于有创意的教学设计方案。我喜欢跟着感觉走，根据学生和课堂的情况而随机应变。我讨厌一遍又一遍地做同样的事情”	虽然这种方法很自由，但也可能带来难以置信的压力。不知道自己每天在教什么，也不知道自己这一年的方向，这可能会导致你不知所措。因此，每个学期提前规划几个关键项目或课程单元是一个好主意，且这些课程应尽可能融入大量选择性内容。我们的学生在系统学习和日常训练方面表现良好，而当我们在生活中的其他方面感到有压力时，在学校里保持一定的秩序也能让身为教师的我们从中受益

激励我们自己、我们的同事和我们的学生去实现特定的目标，这可能具有挑战性。虽然四种性格趋向的框架能为我们提供方法，最大限度地提高我们实现内设预期和外设预期的能力，但探究如何通过动机和奖励来促进某些特定目标的成功实现，意义同样深远。

动机与奖励

仅仅设定目标并不一定能确保我们实现这些目标。埃里克·M.安德曼和林莉·H.安德曼指出，为了达到与课程、学业和行为相关的目标，大多数教师都花了大量的时间，想方设法地激励学生，同时也激励自己（Anderman & Anderman，2014）。在教师培训期间，许多人从行为矫正和条件反射的方法中学习了有关动机的知识，甚至在自己上学时就体验过这种方法。但无论是在课堂上，还是在个人生活中，采取一刀切的激励方法都是无效的。因此，我们应根据自己想要完成的目标或任务的类型，思考如何区分外在的奖励机制和内在的奖励机制，并将目标与更广泛的目的和意义联系起来。

按照 *Drive: The Surprising Truth About What Motivates Us*① 一书的作者丹尼尔·平克（Daniel Pink，2009）的说法，任务可以分为两类：① 程序型任务——一遍又一遍完成的常规任务（例如出勤）；② 探索型任务——没有路线的个体任务，这是我们每次着手去完成时都必须弄清楚的（例如设计一个新主题下的课程单元）。关于激励因素，塞弗特和萨顿（Seifert & Sutton，2009）指出，外在激励因素指的是金钱、名声、成绩和表扬等外部奖励。这类奖励来源于个体的外部世界，是完成某些任务的主要激励因素。内在激励因素源于个体内部，通常建立在满足自己的内部需求，而不是获得外部奖励上。根据平克（Pink，2009）的研究，外在激励因素（金钱、成绩或表扬）

---

① 该书的简体中文版已由中国人民大学出版社和浙江人民出版社出版，译名均为《驱动力》。——译者注

最适用于程序型任务——这些任务往往依赖于常规。例如，为了鼓励学生每天早上准备好学习要用的铅笔和活页夹，可以对那些遵守规定的人给予积分或其他正向的外在激励因素。而内在激励因素则最适合需要灵活性、创造力和更深层次思考的探索型任务。比如，为了引导学生参与有意义的写作活动，我们可以将目标与个人的成长和成就感联系起来，而不是为最佳作文提供奖品。通常情况下，如果我们试图将外在激励因素应用于探索型任务，其结果反而会降低个体的动机。

平克（Pink，2009）断言，尽管外在的激励和内在的激励有助于我们提高实现目标的能力，但我们完成目标的动机还与另一种内驱力相关，这种内驱力由三大基本要素所引导：① 自主（对掌控自己生活的渴望）；② 专精（随着时间的推移，通过不断努力来提高我们完成任务的能力）；③ 目的（对设定和实现目标的渴望，它有助于实现超越自身的伟业）。

例如，设想詹妮已经设定了一个探索型目标，即在下学期的数学课上为学生规划一个动态的、引人入胜的数感（number sense）培养单元。将这一目标付诸实施深深地激励着她，因为她为能通过自己的努力让学生的学习变得有意义、引人入胜而自豪。此外，这样的计划既满足了她的自主性需求，因为她可以选择这个单元的教学方法和学习活动；也能让她顾及自己的专精程度，因为她能扩展自己的知识和能力，从而为学生制订一个强大的课程计划；还会让她形成更为广阔的目的感，因为她知道这个单元将长期影响学生在数学方面的自我效能。除了明确任务应与内在激励因素还是与外在激励因素相关联外，当目标与自主、专精和目的相关时，它也具有普遍的激励作用。

信心圈

世界知名作家、教授、演说家和积极心理学家肖恩·埃科尔（Shawn Achor，2010）认为，在小的方面不断成功是实现更大目标的关键。有时候我们的抱负过于宏大，而埃科尔建议将大的任务和目标分解成小块，每次只关注一块，从而在向前的过程中建立起信心。

我个人喜欢把目标的设定比喻成“信心圈”。想象一下，在水池里扔一块小石子，涟漪开始时很小，后来在水面上越变越大。所以，正如梅塔（Mehta，2013）所建议的，如果你想完成一个大目标，那么最好把它分成更小的、能带来愉悦的目标。如果你想每天和学生一起召开小型会议，那么请在日志或计划表中勾选每一次成功的会议。如果你想比平时更从容地填写成绩单，那么请每天只花十五分钟填写成绩单，持续三周，一旦任务完成，再奖励自己一些休息时间。如果你想每周抽出三天，与同事一起享受午饭后的散步时光，那么请在早上互发短信提醒，确保这个目标能够实现。我们可以从小事做起，在小成功的基础上再接再厉，建立起信心以应对其他更艰巨的任务。

RAS与目标设定

目标设定能够成功的另一个重要原因是我们具有将注意力集中于与目标有关的具体而有意义的任务的能力（Chowdhury，2020）。根据加西亚－里尔、科祖诺维奇等学者（Garcia-Rill，Kezunovic et al.，2013）的研究，网状激活系统（the reticular activating system，简称 RAS）是大脑的一个重要部分，在决定我们与目标相关的行为中起着至关重要的作用。它是我们大脑中的一个细胞集群，通过过滤成千上万的信息、需求和吸引注意力的因素，确定什么才是真正值得我们关注的。比如，当我们在课堂上进行授课时，我们的 RAS 会过滤掉那些不重要的因素（譬如学生每天使用的铅笔的颜色，或者他们带到课堂上的活页夹款式），而保留那些重要的信息（譬如两个学生走进教室时，他们之间令人头痛的社交互动状况，或者两个朋友之间偷偷传递的小纸条）。

我们的大脑只有在需要的时候才会下意识地注意到周围特定的环

境和情况。否则，它往往会忽略那些看似不那么重要的细节——基本上无视了它们。研究人员表示，RAS 与唤醒系统直接相关，这些唤醒系统在进化过程中被设计为“节能模式”，除非有关乎安全的特定理由使得我们要去集中注意力（Garcia-Rill，Kezunovic et al.，2013）。

在没有明确的 SMART 目标时，我们对理想生活方式的关注度就会很低。我们无法获取和识别我们需要采取的步骤、需要挖掘的资源，以及能使我们更接近目标的机会。而当我们将注意力集中在某些 SMART 目标上时，我们的 RAS 就会被激活，设法将我们的目标置于思想和注意力的前沿，从而使这些目标更有可能得到实现（Garcia-Rill，Kezunovic et al.，2013）。

拖延症

拖延症是阻止我们获得成功的最大障碍之一。克林希克（Klingsieck，2013）认为，拖延症意味着尽管你承认拖延会让你的情况变得更糟，但你还是会心甘情愿地推迟一个有意达成的目标。一旦需要写冗长而详细的成绩评语，或者在放学后要痛苦地给家长打电话，或者夏天召唤他们享受最后几天海滩时光，他们却需要首先考虑返校计划时，教师就会把自己看作拖延者。斯蒂尔（Steel，2011）指出，拖延症使得我们能暂时缓解压力，但同时也明白，自己总有一天会为此付出代价。格伦谢尔、帕特泽克等学者（Grunschel，Patrzek et al.，2012）发现，当我们感到无助、焦虑、尴尬或不开心时，我们会拖延；当我们觉得自己的目标超出了可控范围时，我们也会拖延。

许多成年人深受拖延症的困扰，对他们来说，摆脱拖延的习惯无异于一种挑战。那些有拖延症的人，压力可能更大，幸福感可能更低（Steel，2011）。大约 20% 的成年人承认自己是慢性拖延症患者（Grant，2016）。根据辛普森和皮切尔（Simpson &

Pychyl，2009）的研究显示，拖延症往往会对我们所追求的整体目标产生负面影响。

拖延症不仅使得我们无法有效管理时间，关键还使得我们难以做到对情绪和压力源的自我调节。根据贾菲（Jaffe，2013）的记载，德保罗大学（DePaul University）曾通过研究表明，导致拖延症的原因主要有五个：矛盾的情绪、对失败的恐惧、冲动、拒绝和叛逆。拖延的结果可能是自毁前程，从而导致个人在项目或目标上的失败。从本质上讲，当我们回想那些触发大脑进入反击、逃避或不知所措状态的诱因时，拖延症是大脑通过“躺平”或叫停来应对让人不堪重负的情境的一种方式，这相当于在情绪系统上踩下刹车（Shanker，2017）。

克服拖延症的最简单的方法之一可能看起来有悖常理。惠特伯恩（Whitbourne，2018）发现，如果我们能从备感压力的职责、目标或任务中挤出一点有限的、特定的时间来休息，我们就会精力充沛，注意力集中，而不会那么想要逃避。平克（Pink，2018）在其著作*When*①中强调，人们有必要进行定期休息，即他所谓的警觉性休息（vigilance breaks），其目的是恢复精力和活力，从而在消耗巨大的脑力劳动中稍事休整，以便保持最佳的工作状态。沙特（Shatté，2015）则指出，将任务分成小部分也有助于缓解超负荷感，从而降低我们推迟实现宏大目标的可能性。阿马比尔和克雷默（Amabile & Kramer，2011）认为，当我们看到自己的目标可实现的时候，我们的自信心就会增强，我们完成这些目标的概率也会增加。通常，消极的自我对话会加剧我们的超负荷感并导致拖延。因而，请利用第二章中的某些积极肯定句（见第70页）重塑你的自我对话。在完成艰巨的任务时，请尽量保持与内心对话的积极性！

---

① 该书的简体中文版已由浙江教育出版社于2018年7月出版，译名为《时机管理》。——译者注

接下来，我们将简要介绍促使目标成功实现的六种具体方法。

目标成功实现的秘诀

遵循 SMART 目标框架并调整你的目标，从而优化你的整体内部动机，是你实现职业或个人目标过程中的重要因素。此外，要想实现目标，你还要做以下几件事来保证成功的最大化：

- 写下目标
- 确定价值观
- 优先考虑与目标相关的任务
- 创建类别
- 锚定职责
- 考虑时机

写下目标

通过写下目标来提醒你的 RAS——你大脑中尖叫着让你注意的微小结构，是成功实现目标的最简单的方法之一。根据盖尔·马修斯（Gail Matthews）于 2015 年发表的一项研究，与那些仅仅依靠大脑记住目标的人相比，写下自己目标的人实现目标的概率要高 33%。明确自己的目标并将之写下来，这样的行为能激活大脑，让你专注于你所写下的目标。教师不必花费大量的时间或精力来设定目标，简简单单地将要做的事情写下来，你就很有可能获得成功。

确定价值观

法伯（Farber，2012）指出，价值观是影响和促进我们整体成就和成长的重要因素。虽然价值观不是目标，但它们代表了我们的内心指南针，告诉我们的生命应该走向何处，以及我们作为教师所要前行的方向。价值观代表了我们的信仰，反映着我们的道德观，表明对我们来说什么才是重要的，指导我们如何与他人交往，并形成我们希望留下的精神遗产（Farber，2012）。

大多数教师都有强烈的核心价值观，这些价值观照亮了他们的个人生活和职业生涯。价值观不是去设定具体的目标，而是决定我们希望如何向前迈进（Farber，2012）。根据布琳·布朗的说法，能指导你生活中的一切的核心价值观事实上只有1~2个，即便你认同现有的10~20个价值观。确定你的主要核心价值观的重要性在于，你可以据此调整你的次要价值观。以下五个步骤，可以用来确定你的主要核心价值观：

1. 仔细阅读图3.1所示的价值观清单。

2. 在清单上圈出所有你有所共鸣的价值观（你可能会圈出10~20个），把它们记在日志、便签或手机上。

3. 根据你所遵循的主题或模式对价值观进行分类。通常情况下，许多次要价值观都会由一个中心主题或主要核心价值观引导。

4. 从这些模式中，找出1~2个特别突出的或者在练习过程中反复出现的价值观。这些便是你的主要或核心价值观，记录下来。

5. 在设定和思考目标时，反思自己的价值观。问问自己以下几个问题。

- “作为一名教师，在我个人生活中，哪些价值观影响着我的目标，并驱动着我的目的？”

- “作为一名教师，在我个人生活中，我是否每天都在遵循自己的价值观？”

- “作为一名教师，在我个人生活中，我如何才能利用价值观来持续促进自己的成长？”

优先考虑与目标相关的任务

当你不知所措时，你会感到失去平衡。很多时候，教师拼命寻求工作与生活之间的平衡，但施温沙克尔（Schwingshackl，2014）的相关研究表明，这种平衡的假象可能弊大于利。在忙碌的生活中是无法实现完美平衡的。换一种心态，努力保持工作与生活的和谐与灵动，反倒对人更有帮助——也即文加帕利（Vengapally，2019）所指出的，你对资源（时间、注意力和金钱）的需求可以时高时低，你也可以相应地调整自己的方法和节奏以完成任务。如果不想就工作与生活的平衡进行徒劳尝试，还有一个替代办法，那就是根据重要性对任务进行优先级排序，这样做能让你获得一种平和的心态，知道哪些任务比较紧迫，哪些比较重要，哪些可以暂时搁置。

成就	同情	感恩	有意义的工作	自尊
冒险	能力	成长	率真	服务
利他	关系	快乐	乐观	灵性
雄心	贡献	诚实	和平	恒心
真诚	合作	幽默	愉快	地位
威信	创造力	影响	沉着	成功
自主	好奇心	内心和谐	人气	时间
平衡	决心	公正	认可	可信度
美感	公平	善良	理解	归属感
信仰	知识	声誉	独特性	大胆
名誉	领导力	尊重	财富	挑战性
自由	求知	责任	幸福	公民身份
友情	爱	安全	智慧	社群
乐趣	忠诚			

图3.1　价值观清单

世界上有两类问题——紧迫的问题和重要的问题。紧迫的问题往往不重要，而重要的问题似乎永远不紧迫。重要的任务需要前瞻性思维，并经常有助于我们实现个人或职业的目标。紧迫的任务则要求我们立即采取行动，并且通常与满足他人对我们的要求有关。紧迫的任务往往会占据我们大部分的注意力，因为不及时解决此类任务往往会带来令人烦恼的直接后果。

人们应成为高效的时间管理者，在重要的任务变得紧迫之前，优先处理这些任务，从而使自己不会困于一个面临大量任务截止日期紧迫的窘境中。为了有效管理资源，避免自己总是处于“救火”的状态，你首先需要明确哪些活动是紧迫的，哪些活动是重要的。

史蒂芬·柯维（Stephen Covey）是备受赞誉的 *The Seven Habits of Highly Effective People*[①] 一书的作者，他创建了一个有用的矩阵，对如何确定任务的优先次序进行了详细的描述（表 3.3）。

表3.3　紧迫任务和重要任务矩阵

类型	紧迫	非紧迫
重要	危机 必须马上去做	目标和计划 理想五步（IDEAL）——initiating（启动）、dreaming（设想）、exploring（探索）、acting（行动）、learning（学习）
不重要	打扰 减少	干扰 消除

① 该书的简体中文版已由中国青年出版社于 2002 年 11 月出版，译名为《高效能人士的七个习惯》。——译者注

· 紧迫且重要的任务应立即予以关注，这些任务往往包含危机，如果不迅速解决，会产生巨大的后果。这种灭火模式一不小心就会让你直接垮掉。如果你整天马不停蹄地从一项重要而紧迫的任务转到另一项任务，你就无法给自己足够的喘息时间来制订计划和预测未来。

· 重要而非紧迫的任务往往与目标设定和计划有关。这是一个理想的决策场所，因为你有时间根据完整性和价值观做出正确的决策。处理这些任务需要自我约束和前瞻性思维。

· 不重要但紧迫的任务通常需要你立即解决，但这些任务所包含的问题可以通过更好的规划来处理或减少。重要的是，外包这些任务或提前进行规划，可以显著减少它们的数量。

· 不重要且非紧迫的任务给人造成的压力比较小，一旦你能恰当地做出鉴别，通常就可以将这些任务从你的工作流程中彻底移除。

确定哪些任务是重要和紧迫的，而哪些不是，是有一定难度的。许多教师全心投入他们在课堂上的角色，往往把所有任务都视为紧迫和重要的。这对健康不利，并会导致倦怠。有一个简单的方法，可以用来对你的职业和个人责任进行界定：设想你在玩杂耍球，这些球有些是玻璃做的，有些是橡胶做的。当你知道哪些球可以放手时，这场抛球杂技就会容易得多。橡胶球落地后会反弹，而玻璃球则会碎掉。橡胶球代表你可以轻易搁置的任务，它们对你的幸福和生计没有重大影响，而玻璃球对你的生活来说是必不可少的，不到关键时刻你不能抛掉它们。你所抛的球，可能是你的朋友、家人、恋爱关系、工作和职业、个人成长、精神、健康以及休闲活动。在你生命的不同时刻，这些球彼此之间呈现不同的相对重要性——有些球在某些时候是玻璃的，而在另外一些时候是橡胶的。

就我而言，我会把家庭、健康以及我的教育者角色看作玻璃球，而生活中的其他部分则是橡胶球，可以偶尔被放下。

玻璃还是橡胶？

我们如何确定哪些球是玻璃的，哪些球是橡胶的？在你明确生活中的各种责任前，先思考如下几个问题：

- 放下这个球会产生什么样的长远影响？
- 谁会受到这个球的影响？
- 如果我放下这个球，我能把它恢复原状吗？
- 这个球真是我的吗？
- 这个球给我的生活带来了什么好处？

创建类别

在价值观的基础上，创建与职业或个人生活相关的目标类别，有助于减轻超负荷所带来的压迫感，使你的目标清晰并给出方向。比如，将目标（以及随后的价值观）围绕特定的主题进行分组可能会有所帮助，如家庭、友情及各种关系，精神信念，工作和事业，健康和幸福，教育和学习，以及娱乐和休闲（图 3.2）。

在每个主题下，你可能需要指出 1~2 个在短期和长期需要集中关注的目标。为了提高目标的行动导向性，建议以动词开头来表述你的目标。

家庭、友情及各种关系 短期：下周六早上和孩子们一起去公园玩 长期：承诺每月一次在放学后与同事聚会	**精神信念** 短期：每天早晨上课铃响之前花三分钟时间专注呼吸 长期：每周腾出时间进行感恩徒步
工作和事业 短期：发掘新鲜而有趣的适合班级合作的体育游戏 长期：为明年的年级变更做准备；开始10年级课程阅读	**健康和幸福** 短期：本周在午餐或休息时间散步三次 长期：和同事一起报名参加春季10千米社区跑，并开始训练
教育和学习 短期：报名参加下一轮区读写专业发展论坛 长期：明年9月开始攻读教育领导力硕士	**娱乐和休闲** 短期：本月完成家庭年度相册中秋季照片的编辑整理 长期：本月计划全家去墨西哥冬季旅行

图3.2 基于类别的目标样例

将“我的分类目标”（见第120页）当作模板复制使用，记录你自己的分类目标。

锚定职责

无论你的动机倾向如何（坚守者、叛逆者或其他），研究人员发现，将目标锚定在外部问责体系上，可以提高你在职业和个人方面实现目标的综合能力。马修斯（Matthews，2015）指出，相比将目标留给自己的人，那些每周向问责伙伴发送目标完成进度的受调查对象有超过70%的人完成了目标。发挥问责伙伴的优势，能在极大程度上帮助你专注于目标。

据《哈佛商业评论》（*Harvard Business Review*）2019年的一则短评，问责伙伴是一个全心全意帮助你实现目标的人，在涉及你为自己设定的某些微观目标时，你要对他有所交代。通常，如果在一定程度上存在着给予和索取，比如你们在对方的目标中有一定的投入，那么事情就会好办。比如，你在努力完成评价和成绩单评语时，如果只是自己管自己，就很容易拖延，或者注意力会滑向新的流媒体特别节目或社交媒体的无尽旋涡。而问责伙伴会温和地提醒并鼓励你坚持自己的目标。说到问责伙伴，有一点十分重要，那就是他们必须可靠，与你有共同的职业道德，并理解你的目标的重要性。因为这些目标既与你的价值观有关，也与你未来的人生愿景有关。

考虑时机

在为自己设定目标时，应考虑将时间和日程的安排作为促进成功的要素。为此，你可以审视你的时间人格（timing personality），也可以对自己的努力进行批量处理（batching）。

时间人格

按照平克（Pink，2018）的说法，每个人都有三种主要的时间人格或计时个性，可以决定一天中用于高效、日常或创造性任务的理想时间。它们分别是云雀型（早起者）、猫头鹰型（晚起者）和两者的组合。有些时候，我们的时间倾向会受到年龄的影响（想想看蹒跚学步的孩子醒得多早，而少男少女在早上又起得多晚）。但平克断言，一般来说，我们中约四分之三的人属于云雀型（早起者）。了解自己的时间人格很有帮助，因为你可以据此在一天中的特定时间安排特定任务，无论是课堂教学还是日常生活。

平克解释道，我们每个人在一天之中都会经历高峰期、低谷期和恢复期这几个阶段，这取决于我们的时间人格。高峰期是我们一天中最有成效、精力最充沛的时段。在这个时段，我们解决问题的能力最强，并能完成最困难的脑力工作。举个例子，在一天中的这个时段，我喜欢带着紧迫感，挥洒魅力，向学生讲授写作和数学等复杂概念，并快速响应他们的需求。低谷期的特点则是精力不足，很难完成艰巨的脑力任务。在这段时间里，我精力不支的状态更有益于进行较为安静、放松、温和的日常活动，比如静读、绘画，甚至一些更常规的重复性任务，如议程的写作或文本的打印。至于恢复期，则往往是激发创造力的有效时间。因为当我们从精力不足的低谷中恢复时，我们的逻辑思维和理性思维会得到放松，并生成更灵动、更有创造力的心态。我发现在这段时间里，进行单元和课程计划会变得更容易，因为我的心态更具创造性。

不同的时间人格，高峰期、低谷期和恢复期这三个时段也各不相同。对云雀型来说，高峰期往往出现在早上，因此很适合计划一些严密的工作和会议，或者讲授一些更具挑战性的概念；而低谷期通常在午餐后，下午一点左右到来，所以在这段时间做更多的日常事务会显得比较明智，比如填写表格、打扫卫生或整理文件；恢复期通常出现在下午或晚上，因此在这个时段抽出时间来发挥创造力，有益于教师的总体幸福感。而对猫头鹰型来说，低谷期通常是早上，这意味着猫头鹰型应该把常规任务留到这段时间内完成；高峰期和恢复期会在一天中的晚些时候出现。

并非所有的任务和时间块都是平等的，知道这一点，有助于你规划好自己的每一天。

时间块和批量处理

如果能在一整段时间内完成目标，你往往能最大限度地提高整体工作效率。此外，克莱瑟（Kresser，2017）指出，将类似的任务分批处理也能带来好处，因为这会让你更有效、更深入地专注于自己的目标。正如作家、全球著名摄影师蔡斯·贾维斯（Chase Jarvis，2019）

在其《创造性的呼唤》（*Creative Calling*）一书中所说："保持边界，不让其他工作渗透过来，是需要自制力的；但批量处理是一种巧妙的方式，能保护创造性工作不受日常干扰。这些干扰看似紧急，但实际上并非如此，完全可以等到时机成熟时再去处理它们。"

多任务处理会破坏工作效率。据弗莱托（Flatow，2013）报道，研究员兼神经科学家克利福德·纳斯（Clifford Nass）在接受采访时表示，多任务处理应该被称为"多重切换"（multi-switching），因为我们不可能真正同时专注于一项以上的任务。因此，当我们试图同时关注多项任务时，我们实际上只是在任务之间快速切换而已。问题在于，如果试图将目标分解，每部分耗时20~30分钟，进而一步步完成目标，那你每次都得花几分钟时间调整好心态，以便将注意力集中在这些更小的时间块上。显然，接二连三的切换会使工作效率大打折扣。

研究表明，解决重大目标的理想投入时间应该是90分钟。例如，如果你计划花一个周末的时间填写成绩单，你最好连续努力工作90分钟，再给自己少量的休息时间去浏览社交媒体、电子邮件或进行人际交往，而不是一直打开电子邮件标签，或者让自己的手机触手可及，在工作期间总想着做别的事情。

作为一名忙碌的全职教师和母亲，晚上得把孩子喂饱，为他们洗好澡，将他们哄睡着，周末得做好午餐、备好课、批好作业，我根本没有太多可支配的时间。因此，我往往会在每个月挑选几天或者在假期里录制对嘉宾的采访，而不是每周都去花时间制作我的播客。这种批量处理的方法使得我能够处理重要的事情，而不是手忙脚乱地对付太多的事情，以至于一事无成。

如何激发你重新聚焦的能力

这一小节包括三个主要部分，讲述如何对你的志向进行重新聚焦，并为此设定现实的、可实现的目标：① 奠定基础的策略；② 探索时机把握和日程安排的策略；③ 保持动力和热情的策略。目标设定是满足个人成长情感需求的一个重要方面，而成功实现你的志向则需要有意图的、精心构思的方法。

奠定基础的策略

本部分内容将通过“描绘未来：愿景板练习”以及探索一个具体的目标设定样板，为你的目标奠定坚实的基础。

描绘未来：愿景板练习

如果你想对生活现状做出重大改变，无论是从教师的职业角度还是个人角度，不妨将可视化方法融入你的目标设定之中。就我而言，我最喜欢用愿景板来创造一个具体的未来愿景。愿景板是一种可视化工具，由有意义的字母、单词、图像和符号拼贴而成，代表你未来的目标和希望。使用愿景板的最有效方法之一，就是将其置于显眼位置以保持其可见，并经常回顾。这样做会激活你的 RAS，提醒你应该对这个目标予以特别关注。你可以通过以下三个步骤制作愿景板：

1. 确定意图：首先考虑你想要实现的目标。思考以下问题，想象你的目标已经实现，每一个细节都要仔仔细细地在脑海里过一遍。

- 你是何时实现这个目标的?
- 实现这个目标的感受如何?
- 既然你已经实现了目标，那你目前正在做什么？
- 既然你已经实现了目标，那你的日程安排是什么样的?

· 你想成为什么样的人？

· 你希望留下什么遗产？

· 你希望你的人际关系如何？

2. 可视化：寻找图片、照片和杂志，它们能代表你实现目标后希望给生活带来的情感、愿景、财产、经历，以及你希望在生活中与之交往的人。你可以使用文字和小记号（钥匙、按钮和贴纸）来增加愿景板的深度和质感。

3. 回顾：在家里找一个显眼的地方，把愿景板放在那里，直到目标实现。每天查看你的愿景板，持续关注目标。

目标设定样板练习

在填写“目标设定样板”（见第121页）之前，请先仔细阅读以下九步说明。表3.4提供了一个目标设定样板的示例。

1. 评估价值观：在本项练习中，请先使用日志或者手机来评估你在图3.1中确定的两个主要价值观，这两个价值观都将指导你的行动和你的次要价值观，无论是从职业角度还是从个人角度。

2. 对目标进行分类：现在，思考一下你主要的生活类别，并选择三个作为你在这项练习中关注的领域。结合这几个领域，你看到自己未来的发展方向在哪里了吗？

3. 缩小目标范围：接下来，将你生活中三大类别的所有宏大目标列成一张清单。比如，你可以关注以下主题中的三个：家庭、友情及各种关系；精神信念；工作和事业；健康和幸福；教育和学习；娱乐和休闲。选择三个对你来说特别要紧的大目标，这些目标对目前的你来说最为重要。请务必使用SMART目标语言描述它们。

4. 找出目标设定的原因：实现这些目标会带来什么样的感觉？这些目标将怎样帮助你与自己的价值观保持一致？通过思考，明确这些目标是如何有助于培养目标感和意义感的。

5. 目标分块：想一想可以用哪些方法把总体目标分为短期行动目标和长期行动目标。为三个大目标中的每一个都确定一个更小的、对多巴胺友好的短期目标，以及一个长期目标。

6. 定义成功：花点时间具体想想每个正被实现的目标。目标的成功会是什么样的？这种成功对你而言是一种什么样的感受？你如何知道自己已经实现了目标？

7. 找出障碍及其解决办法：想办法检查一下自己的性格趋向（见第 92 页）以及你无法控制的情况，这些情况可能会阻碍你实现目标。你可以通过哪些办法来预测问题并快速解决这些问题？

8. 建立支持系统：找到一个可以和你分享目标设定历程的人，一个可以帮助你保持动力的人，一个和你一样关心你的成功的人。

9. 满足需求：确定你的资源需求，同时确定你从何处可以获取必要的工具和资源。

在未来的几天、几周、几月和几年里，继续审视你的目标。

表3.4 详细的目标设定样板示例

大目标	目标 1	目标 2	目标 3
目标描述	每周安排 4 天和家人共进晚餐	下学年第一学期修完教育领导力硕士学位两门课程	早上在小区附近慢跑，一周 2 次，每次 30 分钟
目标类别	家庭、友情及各种关系	教育和学习	健康和幸福

（续表）

目标与我的价值观的联系/目标之于我的意义	安排时间进行家庭聚会与我推崇的人际关系的方式相关联。我必须与家人保持联系	我非常注重个人生活及职业生涯中的成长。为了获得成长感，我喜欢为我的学习设定雄心勃勃的、令人兴奋的目标	健康的生活方式对我很重要，它有助于我实现内在的和谐。早晨慢跑是种不错的方式，可以让我头脑清醒、四肢舒展
短期目标	在接下来的2周，每周抽出4天和家人共进晚餐	一月份之前报名参加教育领导力硕士课程项目，确保完成申请书上所有的项目	从明天开始，把周二、周四的闹钟调得比平常早30分钟，用这段时间下楼走走，坚持2周
长期目标	6个月内，根据活动情况，养成一周至少3次和家人共进晚餐的习惯	从申请之日起，2年内拿到教育领导力硕士学位	之后3个月内，每周二、周四早上慢跑30分钟
目标实现的结果	家人聚餐20~30分钟的次数比以前更多	我将了解、阅读与学校相关的话题，增长知识和职业见识	我会很早起床，坚持目标，每周2次早起跑步或散步
目标实现的感觉	我为家人感到自豪，和他们的关系更密切了	我因实现目标而感到自豪，有了成就感	跑步给我带来内心的和谐。跑完步后，我会感到轻松、平和
能够预见的障碍	•孩子们会忙于各种活动 •我的伴侣会忙于工作 •我会因为备课和批改作业而焦头烂额	•一周之中很难有动力去完成教学工作 •要在原本就忙碌的日程里挤出时间学习，真的很难 •去读书会花费额外的钱和时间，我可能会为此感到内疚	•在阴雨天和寒冷天，早起是个极大的挑战 •我没动力的时候，是很难开跑的 •早晨孩子们都要指望我照顾，偷偷溜出去会很难办

（续表）

能克服障碍的办法	•某一天可以订餐，从而减少准备时间 •晚餐前或晚餐后安排活动 •确保我们夫妻在饭后有时间赶完工作	•用正念梵咒提醒和激励自己：我的目标是重要的长远目标 •请家人或者保姆帮助照顾孩子，腾出时间完成学习任务 •提醒自己：这些经济上的支出和时间安排上的困难，最终都是值得的，因为我将学到更多的东西	•前一天晚上把衣服拿出来，做好早起的准备 •购买合适的雨具，即便天气不太理想，还能感觉暖和、舒服 •在充满挑战的日子里，允许自己断断续续地跑步，从而让自己保持动力 •每周 2 次请我的伴侣代我在早上照顾孩子
谁会给我提供帮助	•孩子 •夫 / 妻 •饭店	•大家庭 •夫 / 妻 •保姆	•孩子 •夫 / 妻
我需要什么	•一份清晰的日程安排 •开个家庭会议进行协商	•财务预算以及支付方案 •一份清晰的日程安排 •能帮忙看护孩子的人	•闹钟 •合适的运动装备

探索时机把握和日程安排的策略

本部分内容将介绍五秒习惯破解法，从而使你能朝着目标前行，即便你的心思不在其中。

五秒习惯破解法

你是否曾经为自己设定了目标或决心，结果在行动的时候却犹豫不决？当我们想要实现目标、培养幸福习惯时，拖延和自我怠工会成为我们难以克服的障碍。克罗科等学者（Krockow，2018；Soon，

Brass，Heinze & Haynes，2008）通过研究发现，在冒出想法与付诸行动之间存在着一个重要的短时窗口（momentary window）。事实上，当你打算做某事时，犹豫的时间越长，你实现它的可能性就越小。

按照作家及演说家梅尔·罗宾斯（Mel Robbins，2017）的说法，在做出决定后的五秒钟内采取行动是保持动力、跟进目标、提高完成任务可能性的关键。她将这种方法称为五秒定律。五秒定律可以让你立即顺应欲望采取行动，充分利用你的动机和你的自我效能感，并在你的理性大脑试图说服你放弃之前，朝着目标迈进。正如作家、企业家和演说家塞思·戈丁所言，立刻行动要好过稍后开始（Godin，2007）。有时候，你需要停止思考，对准目标，直接行动。

这种工作法主要分三步走：

1. 做出一个决定，这个决定与你在生活中想要达成的目标或想要养成的习惯有关。比如说，你可以决定在每个工作日的中午与同事一起去饭后散步。

2. 如果你在需要采取行动时瞻前顾后，就在心中倒数："5、4、3、2、1，行动！"想象一下，你决定在午餐时间开始你的散步计划，随后的第一个星期一，午餐铃响了，可你忽然被桌上堆积如山的需要批改的作业拖住了。你感到犹豫不决，此刻，你开始倒数："5、4、3、2、1，行动！"（Robbins，2017）

3. 朝着你的目标采取实际行动。站起来，穿上你的运动鞋。在明确意图的加持下，穿上鞋子这个简单的动作就足以抵消那个试图说服你留下来批完作业的内心声音。

保持动力和热情的策略

一旦明确了愿景，设立了清晰的目标，并制订了克服拖延症的策略，就有必要审视目标是否真正达成，并制订保持动力的策略。在本小节中，你将学习如何通过“2 × 2”策略来确定一个目标是否值得追求，并探索一个简单而有效的 10 分钟问责训练。你可以立即开展这种训练，从而更接近目标的实现。

放弃还是坚持：“2 × 2”策略

有时候，放弃目标是你能做的最好的选择。放弃目标可以让你重新集中精力，只处理最重要的“玻璃球”。就像塞思・戈丁在其 2007 年出版的《低谷》(*The Dip*) 一书中所述，每一个目标总有一个困难的部分。我们必须根据所遇到的困难的类型来决定是放弃还是继续。

其中有一种困难，法语叫死胡同 (cul-de-sac)，英语的字面意思是死路一条。这种目标，无论你付出多少努力，一切似乎都毫无改善。设想一下，为了实现你的目标，你需要更频繁地与年级组的同事合作。但无数次尝试联系之后，你遇到的只是抵制和冷漠。也许这个时候你就想放弃目标，不打算和他合作了。说不定你选择其他年级的一位同事，结果会更好。

还有一种困难，叫低谷。戈丁认为，低谷往往发生在目标设定所产生的兴奋感消失之后。它是一种挑战，即使你不喜欢，也要付出艰苦的努力。此时，成功看似不确定，但是如果你能坚持下去，通过不断努力，你往往可以获得成功。

克里斯・吉尔博 (Chris Guillebeau) 是一位世界知名的教练、作家，也是一位“非主流”方面的演说家，他致力于教导别人挖掘自己的创造力和人生目标。他极力主张用“2 × 2”策略决定自己是否应坚持目标、调整目标，或对目标的追求进行重新评估 (Jarvis，2020)。他鼓励学生思考两个问题：

1. 它起作用吗？

2. 我喜欢它吗？

请使用表 3.5 中的“2 × 2”矩阵，确定最佳前行路径。

表3.5 “它起作用吗？”矩阵

	它起作用	它不起作用
我喜欢	它起作用，我很喜欢 继续下去	它不起作用，但我喜欢 如何调整目标才能更有成效
我不喜欢	它起作用，但我不喜欢 该如何调整从而使得目标更有趣	它不起作用，我也不喜欢 放弃或者重新聚焦目标

助你重新聚焦：10分钟问责训练

2020年秋季，在离开教室近7个月后，我返回学校。我和朋友朱迪·拉贝尔（Jodie Labelle）决定互相支持，实现我们各自的年度目标。由于要面对新增的健康和安全协议，不断变化的与社区压力因素，以及忧心忡忡的学生家长，我知道这一年将会十分艰难，压力巨大。我们决定每周一早上6点钟打一个积极的电话，以此开启一周的工作。我俩一致同意将通话时间严格控制在10分钟内，从而能实实在在地兑现彼此的承诺。这已成为保持我目标清晰和积极性高涨的最有效的方法之一。此外，早晨和朋友交谈总能让这一周有一个积极的开始。我们继续坚持电话交流，毫无例外地将这种交流作为每周一早上的优先事项。以下是10分钟问责训练的四个步骤：

1. 选择一个看来可以致力于目标设定和实现的同事或朋友。如果这个人可靠且重视目标，那就再好不过了。

2. 安排每周通话，记住需要有明确的时间限制，并围绕你那些不容更改的责任，制订创造性的解决方案。

3. 决定每周由谁来负责打电话，并承诺完成目标。

4. 在通话中，确保双方都有机会说出本周的目标，并回顾过去一周的成功或挑战。

本章小结

在本章的学习过程中，你已经研究了目标设定的几个重要方面，包括心理学原理、障碍因素、工作成果及效率最大化的方式和在实现最高志向时你的心理动机。归根结底，教师感到倦怠，部分原因在于缺乏目标，未能在课堂工作和个人长远目标之间建立起深刻联系。本章提供了各种关于目标设定、效率提高的策略，同时也提供了一些重新聚焦职业和个人目标的方法，从而使你成为你一直希望成为的那种教师。

我的分类目标

家庭、友情及各种关系 短期： 长期：	精神信念 短期： 长期：
工作和事业 短期： 长期：	健康和幸福 短期： 长期：
教育和学习 短期： 长期：	娱乐和休闲 短期： 长期：

目标设定样板

填写下表之前，请参阅第 112—113 页的 9 个步骤说明。

大目标	目标 1	目标 2	目标 3
目标描述			
目标类别			
目标与我的价值观的联系 / 目标之于我的意义			
短期目标			
长期目标			
目标实现的结果			
目标实现的感觉			
能够预见的障碍			
能克服障碍的办法			
谁会给我提供帮助			
我需要什么			

RECONNECT

第四章

重建关系：如何提高你在生活中的社交品质

我们生存的唯一方式就是依靠善良。我们在这个世界上生存的唯一方式就是依靠别人给予的帮助。没有人可以独自生存，无论机器是多么强大。

——艾米·波勒

作为教师（确切地说是成年人），我们往往想当然地站在自己的角度去了解他人。我们时常忘了用全新的视角去看待这个世界，去审视、去质疑我们自认为了解的一切。事实证明，作为教师，为了能过上幸福、充实的生活，我们必须挑战自己已有的假设和信念，以此建立与他人的联系。

在本章中，你将探索各种研究成果、策略以及反思性问题，从而培养自己作为教师的社会意识和人际关系技能，造福学校。你将学到与周围人建立融洽关系的三种巧妙方式，建立积极文化的策略，与同事、朋友和家人建立信任感的三种方法，以及通过“2×10”活动有效地促进积极认可的方式。想要成为一名充满激情的教师，你需要在生活中重视和培养与身边人进行互动的能力。

关于重建关系的各种研究

正如肖恩·埃科尔在其著作 *The Happiness Advantage*[①] 一书中所说，作为个体，我们的成功和幸福大多根植于人际关系。事实上，社会关系是成功、健康乃至预期寿命的最佳预测指标（Achor，2010）。当我们谈到社会情感能力时，社会意识和人际关系技能是两个重要基础，能使我们有效地应对与他人的交往经历（CASEL，2020）。

社会意识是指理解各种观点和生活经历的能力，能对他人表现出同理心和同情心，能从优势视角（strengths-based perspective）[②] 去看待他人，并关注他人的情感。磨炼人际关系技能也是培养社交能力的重要组成部分，这些技能包括有效沟通、建立融洽关系、建设积极关系、有效处理冲突、展示领导力、寻求帮助和支持，以及在社会正义和平等方面捍卫我们的信仰（CASEL，2020）。

同理心、同情心与善良之间的区别

根据安弗里和谢布洛姆（Umphrey & Sherblom，2018）的说法，想要获得有意义的持久友谊、富有成效且互惠互利的同事关系，以及广泛的社交圈层，你必须乐意真正地去看、去听、去理解身边的人。

---

① 该书的简体中文版已由中国人民大学出版社于 2012 年 4 月出版，译名为《快乐竞争力：赢得优势的 7 个积极心理学法则》。——译者注

② 优势视角强调个体、家庭和社区的内在优势和资源，而不是聚焦于问题和缺陷。这种方法认为，每个人和每个社区都有其独特的优势和潜力，通过发掘和强化这些优势，可以促进个体和社区的发展和改变。——译者注

你必须有同理心和同情心，并渴望勇敢地迈向善良。你需要培养能力，去做出善意的假设，并主动审视对与你一起生活、学习和工作的人的固有看法（Matthews，2019）。你需要调整你的职业和个人关系，从而使你在教学和个人生活中获得最大的收获。

同理心、同情心与善良是与人建立关系的渠道（Matthews，2019）。麦奎德（McQuaid，2018）则指出，如果我们能够从他人的角度出发，在他们对抗困境时来到他们身边并给予支持，施以善举，我们就有能力与同事、学生和家长建立牢固的关系。这对良好沟通和整体效能至关重要，无论是从职业角度还是从个人角度。在区分同理心、同情心与善良时，人们很容易感到困惑；尤其是在主流社会中，它们有时可以互换使用。

为清晰起见，我将按我的朋友、作家和学校顾问芭芭拉·格鲁纳（Barbara Gruener）解释的那样，简要地区分同理心、同情心与善良（Michael，2018a）。

· **同理心**是运用大脑去理解别人的感受和处境——设身处地地站在别人的角度去思考。通过这样做，你可以重新思考自己可能已有的对他人的假设，并对自己与旁人的交流方式展开批判性思考，无论他们在年龄、种族、性别、性取向、外貌、文化、经济背景、健康状况或个人经历方面是否与你不同。

· **同情心**是用心去理解别人的感受。据在线词源词典（Online Etymology Dictionary）所载，同情心的字面意思是"与之共同忍受"。换句话说，同情心是将我们通过同理心获得的大脑层面的理性认识，转移到了我们的内心。当听到别人的故事，我们往往会用心去感受他们的奋斗与成功。按照格鲁纳的说法，当能够在彼此身上看到自己时，我们就更容易对那些与我们不同的人产生同情心（Michael，2018a）。如果以这种方式看待世界，我们最终就会主动地去帮助那些需要帮助的人。

· **善良**是你愿意（身体力行地）为自己深切的同理心和同情心采取行动，并能为别人挺身而出。在网上听到或看到新闻后，你往往很容易被那些悲伤和消极的情绪淹没。你可能会发现自己对那些经历战争、灾难或不公待遇的人有着深深的同理心和同情心，但随后又因为无助感和绝望感而垂头丧气。看看新闻或者社交媒体上的信息，很容易让人无助地发问："我能做什么？"或者："我们中有谁能做什么？"。根据科尔和道林（Coles，2021；Dowling，2018）的说法，这种情绪有时被称为"同情疲劳"（compassion fatigue）或"共情痛苦"。承受他人的痛苦是一种负担，它会让人觉得难以承受，且心情极其沉重。冷漠会取代绝望，它源于一种根深蒂固的信念，即你无法改变任何现状；就好像你关掉了情绪开关，或是麻痹自己。

事实上，正如同理心研究专家米歇尔·博尔巴（Michele Borba）所指出的，隐性的同理心和同情心没有任何益处（Gruener，2019）。只有当你通过采取有意义的善行来发挥其力量时，你才能改变世界，并通过小行为来产生大影响（Borba，2017）。

在这些微妙的瞬间，你可以感受到善良，这种善良根植于行动（Michael，2018a）。凯尔特纳（Keltner，2012）认为，善良是人性最伟大的表达方式，无论年龄、信仰或种族如何，每个人都能够拥抱善良。扎基（Zaki，2016）则指出，善良具有传染性，并能改变这个世界。表 4.1 说明了同理心、同情心和善良之间的区别。

表4.1　同理心、同情心和善良的区别

概念	定义	例子
同理心	理解某人的情感和处境	一个学生连续三天忘记做作业。你从他的角度出发展现出同理心，想起他妈妈这周一直在医院里，他的生活一定很艰难
同情心	与某人的情感和处境产生情感共鸣	初中的一名学生眼泪汪汪地告诉你，她和她爸爸目前没有固定的地方住，每天晚上她都在附近公园里搭帐篷过夜。听了她的故事，知道她无家可归后，你顿时十分心疼
善良	带着同理心、同情心采取行动，并产生积极的改变	就在寒假前几周，你们学校一个学生的家庭遭遇了一场毁灭性的火灾。虽然没有人受伤，但家里所有值钱的东西都化为灰烬。你们学校联合起来策划了一场成功的募捐活动，帮助这个家庭重新站起来

善良会传染吗

你可能听说过——正如布罗德里克（Brodrick，2019）所指出的——从生理学角度看，只要你友善待人，你就能够影响人们的幸福感。善良的行为由内而外，像涟漪一样，从起初的行为向外传播，甚至以你无法想象的方式打动他人。派珀、萨斯洛等学者（Piper，Saslow et al.，2015）研究发现，善良是会传染的，这与激素和生理机制有关。因此，在学校和组织中激发善意可以成为积极影响文化、减少倦怠负面影响的最便捷、最重要且最有效的方法之一（Zaki，2016）。

善良的科学：助人快感

根据布鲁宁（Breuning，2016）的研究，有四种重要的激素已被确定能使人因善意行为而产生幸福感或助人快感（helper's high）。

1. 内啡肽：和运动一样，行善会对身体产生影响。内啡肽是人体的天然止痛药，通常被称为跑步者的兴奋剂。它们会涌进你的血液，让你感到开心无比。

2. 催产素：能提高你的社会连接感、归属感及乐观情绪。它负责产生爱和同理心，能够让你设身处地为别人着想。当你给别人一个拥抱时，你会产生这种感觉。催产素也是促使父母与新生儿之间立刻产生爱的化学物质。

3. 血清素：能让你情绪高涨，让你感到快乐和平静。

4. 多巴胺：在目标达成后，多巴胺会让你有一种成就感或得到奖励的感觉。

我们的身体和大脑天生乐善好施，实际上，我们能够通过行善变得更加快乐（Brodrick，2019）。这就是善良具有的改变文化的力量所在。罗兰（Rowland，2018）认为，当你表现出善意时，你的大脑会释放催产素和其他幸福激素，从而提升你的情绪，并带来一系列与健康相关的益处，包括改善心脏健康、增强乐观情绪及提升效能感。由于我们大脑中镜像神经元的存在，接受善意的人也会释放催产素（Breuning，2016）。但有意思的是，积极激素的激增不限于援助者和受助者，即便是那些目睹善行的人，体内的幸福激素水平也会上升（Rowland，2018）。回想一下那些展示了人们彼此行善的感人视频。那种温暖人心的感觉就是催产素在你血管中流淌的结果（Breuning，2016）。

镜像神经元：有样学样

海斯（Heyes，2009）指出，镜像神经元是一种神经机制，它使人能通过相互模仿实现彼此学习并建立联系。20世纪90年代，意大利帕尔马大学的一群科学家发现，灵长类动物能通过模仿相互学习，这在很大程度上归功于它们大脑内部镜像神经元的存在（Heyes，2009）。这一发现坐实了“有样学样”（Monkey see，monkey do）这一常用短语，同时也解释了婴儿如何从周围的人身上学会走路、说话以及用合适的交际方式表达情绪（Heyes，2009）。

汤普森（Thompson，2012）则发现，事实上，并非只有婴儿会模仿肢体语言。成年人不管是无意还是有意，也会通过行为模仿来建立融洽的关系，与人交流，或实现情感相融。想想看，当你看到某人在打哈欠时，你想抑制自己打哈欠的冲动有多难！大笑、微笑甚至哭泣都具有传染性。事实证明，这种情绪和行为的传染性不仅是学习的关键，也是生存的关键。在莫尔纳－萨卡奇等学者（Molnar-Szakacs et al.，2007）看来，这种机制曾很好地帮助我们的先祖进行彼此间的清晰交流和了解。镜像神经元也帮助早期人类在安全面临威胁的情况下快速传播情绪。

镜像神经元活动

肖恩·埃科尔博士是一位美国作家和演说家，他在哈佛大学以积极心理学领域的工作而闻名。埃科尔的社会实验说明，在思考学校的正向文化时，必须重视情绪的传染性。你可以轻松地在教职工会议、班级晨会乃至集会的前几分钟内，进行以下七步活动（Achor，2010）：

1. 让参与者选择坐在或站在他们平时不在一起工作的人边上。

2. 让合作关系中的每个参与者用一种创造性的方法（如头

发长度、眼睛颜色、出生月份顺序、离出口标志的远近等）来确定自己是伙伴A还是伙伴B。比如，离出口标志最近的参与者是伙伴A，离出口标志最远的参与者是伙伴B。

3. 给伙伴A提如下要求："请动用你多年培养的、使你走到今天这个人生阶段的自控能力。你唯一的任务就是在接下来的七秒钟内保持无情绪状态，在这段时间里，伙伴B将收到要求对你做某件事。请保持情绪稳定。"

4. 给伙伴B提如下要求："在接下来的七秒钟内，不要中断眼神交流，尽你所能展示出最灿烂、最热情、最真诚的微笑。"

5. 让伙伴们面对面，确保他们彼此够得着。同时，在接下来的七秒钟内，要求他们始终保持眼神交流。

6. 让伙伴们按照你的要求行动七秒钟。时间一结束，请他们反思并讨论他们所观察到的现象。

7. 如果有时间，让伙伴们交换位置，伙伴A成为微笑者，伙伴B成为接收者。

此活动的组织方式至关重要。它会造成情绪紧张，并模拟一种有压力的情况。伙伴A对接下来会发生的事情一无所知。当我要求伙伴们近距离面对面时，他们的压力变大，眼睛睁得很大，许多人都开始怀疑参加这项活动的决定是否正确。

人们不喜欢不确定性，不喜欢不舒适的感觉。相互熟识的人一旦意识到这项活动只要求他们在情感上控制自己不受对方笑容的影响，他们就会立刻感到如释重负。于是，伙伴们开始照做。没过多久，你就会看到有人突然抬手掩笑。短短几秒钟，房间里就爆发出阵阵笑声。

我们可以亲眼看到笑容的传染性，根据埃科尔（Achor，2010）的研究，在这项实验中，80%~85%的活动案例产生了类似结果。这项活动虽然有趣且看似微不足道，却具有大规模塑造文化氛围的潜能。这清楚地表明，无论在课堂上、学校里，还是在更广泛的社区中，我们都有能力不费力地影响我们所处环境中的整体情绪氛围。

快乐：对抗焦虑、抑郁和孤独的解药

快乐不是唯一具有传染性的情绪（Achor，2010）。悲伤、愤怒、沮丧也一样具有传染性。事实证明，善良可作为与抑郁、焦虑、孤独有关的许多病症或情绪的解药（Rowland，2018）。在北美，抑郁症、焦虑症的患病率正呈现上升趋势。比如，根据世界卫生组织的数据，在2005年到2015年期间，抑郁症患者增加了五分之一。抑郁症是一种可治疗的精神疾病，其特征是感觉极度悲伤并伴有情绪低落。

焦虑、抑郁和孤独这些情绪状态，常常因我们大脑对日常生活中的压力源进行解读而加剧，即使在没有直接威胁的情况下，大脑也会发出安全警报（Sinek，2014）。内塞、埃利斯和巴特纳加尔（Nesse，Ellis & Bhatnagar，2016）指出，当我们感到压力时，大脑会在体内释放一种名为皮质醇的化学物质。皮质醇会关闭我们身体中所有非必要的功能，如消化、生长和免疫系统，以便我们能够迅速对危险做出反应，进入反击、逃避或不知所措的状态（Sinek，2014）。

没错，在穴居时代，皮质醇是一种很有用的化学物质，可以保护我们免受剑齿虎的伤害，但它只应在我们体内短暂爆发（Sinek，2014）。当人们越来越频繁地感到压力时，皮质醇在体内停留的时间

就会过长，反而会对身心健康产生不利影响。

李阳、哈西特与森（Li，Hassett & Seng，2018）指出，皮质醇也会直接阻止体内催产素的流动。这意味着什么呢？简单地说，这意味着当我们感到压力时，我们很难感受到爱和同理心，至于与人建立关系，那就更是难上加难了。而这正是善良可以发挥作用的时刻。还记得爱的激素催产素吗？研究人员发现，当我们行善时，体内会释放催产素，并抵消皮质醇的作用。

为什么善良很重要

在北美，有将近五分之一的人曾被诊断患有精神障碍类疾病，如焦虑和抑郁，并深受其苦。尽管我们知道我们无法解决这些问题，但事实证明，善良能抵消压力对我们身体的负面影响（Sinek，2009）。它还可以帮助我们建立融洽的关系，提高我们在学校的归属感（Brodrick，2019）。通过善意的行为和交流，我们能够让周围的人觉得受到了关注和重视，帮助他们培养归属感和安全感。这些行为简单而又不费钱，只占你日常生活的几分钟而已。

我们并非生来善良

休斯敦·克拉夫特（Houston Kraft）是一位世界著名的演说家和畅销书作者，致力于在学校倡导善举。他指出，人们在当下无法展现出乐善好施，原因有五个：① 能力不够；② 身不由己；③ 局促不安；④ 表里不一；⑤ 自视过高（Kraft，2020）。想要了解这些善良绊脚石是如何干扰我们建立社群和培养融洽关系的，可参见表 4.2。

表4.2 五个善良绊脚石

原因	描述	示例
能力不够	当一个人处境艰难时，我们往往不知道如何去帮他。我们担心自己会做错。我们往往认为，自己的行为反而会让对方的处境在事实上更加糟糕。因而，我们常常保持沉默，或者选择不主动去接触，误以为什么都不说就不会造成伤害。但事实证明，沉默比看似不恰当的帮助更加糟糕 有时候，即使觉得自己无法解决问题，或者即使觉得没有合适的话语，我们也要主动伸出援手	想象一下，你学校里一位同事的丈夫刚刚因为一次工作事故丧生。她几乎崩溃。你感到帮不上忙，但心里一直记挂着她。可你没有打电话给她，也没有主动安慰她；相反，你决定退缩，因为你相信和她更亲密的人才应该伸出援手，而你只会把事情弄得更糟糕 事实上，你也许应该给她发一封电子邮件，或者发一条短信，告诉她你为她的不幸感到难过。你甚至可以给她打电话，表示你尽管不知道该说什么，但还是希望她知道你在想着她
身不由己	这些天，我们的日程排得满满的，有各种各样的活动、项目、授课、生日派对、聚会、读书俱乐部、研修课程等。看来暂停自己的繁忙事务去缓解别人的压力是不大可能的。很多时候，因为身不由己，我们无法展现自己的善意 乐善好施的举动并非一定要耗费时间，它们其实很简单，就好比你在杂货店或交通高峰时展现出来的友好姿态那样。微笑和挥手对他人来说意义非凡，这非常神奇	你一直想为学校今年帮扶的家庭捐赠节日礼篮，但时间已经过去了。你没有机会亲手挑选一件漂亮的礼物送给他们，而且你可能也赶不上截止日期了 与其为了完美的礼物而苦恼，不如选择一张简单而实用的礼品卡

（续表）

原因	描述	示例
局促不安	有时，人们会怀疑自己是否有能力支持彼此。我们可能会想："我是谁，我凭什么能帮助别人解决这个问题？" 换个角度思考可能会更好："如果不是我，那还有谁呢？"有时候，善良是一种勇敢的行为，它把我们从日常的舒适区拉到一个挑战区，让我们成为更好的人	想象一下，你的主管刚刚从区领导那里得到一个不好的消息，说他们想实施一项具有挑战性的新措施。对主管而言，由于采集和跟踪的数据不断增加，学校的工作将变得极其棘手 虽然这些问题可能和你的工作无关，但你不必感到不安，只需要倾听。这个善意的举动可以帮助主管感到他在面对挑战时并不孤单
表里不一	真正的善意不是来自清单。尽管"善行周""随机善行"已是学校、工作场所及社区的积极亮点，但作为一个社会，我们真正需要的是关注乐善好施的长久性和一致性，而不仅仅是"做完就走" 表达真诚的善意之所以存在困难，部分是因为我们经常将它看作一个事件，而不是一套需要培养的品格技能，或者一种融入自身的交流态度	想象一下，国际善意日即将到来，于是，你决定做一场"一次性善行"活动。你的学生对这一天的活动感到很兴奋，但是第二天，行善的主题被搁到一边，被你想要讲授的其他内容取代了 不要在教学中依靠一两个特定的日子来彰显善意，重新思考如何将善良的主题融入日常的课程和讨论中，以此来促进行善的长久性和一致性

（续表）

原因	描述	示例
自视过高	我认为，大多数教师不会轻易将自己归入这一类别，因为我们是一个非常乐于奉献的群体。不过，许多公司高管，甚至一些教育管理者，可能会高看自己的重要性，无法向他们认为（无论是有意识还是无意识）的在教育层级中低于他们的人表现出善意和大度。关于学校内部所有工作人员，我们需要反思：作为一个集体，他们之间的交流是否反映了一种公平的文化？门卫、行政助理、教育助理和食堂工作人员是否得到了与任课教师和校长同样的善待？学生是如何对待学校工作人员的？研究我们在校园内彼此间的日常互动，可以揭示出学校内部存在的大量系统性不平等现象	每天早上，学校的门卫都会打扫教学楼。可当他与人说话时，他注意到有些同事根本不理他——虽然他们可能只是太忙了，没有时间闲聊，但门卫往往感觉到，这些人自视太高，不屑和他说话 其实，我们应考虑到这样一个事实：学校里的每一个人，无论头衔如何、职级如何，都在维护学习空间的安全和有效方面发挥着重要作用

施与善意看似简单，但并不容易。我们告诉自己的关于自身局限性的故事，往往会阻止我们对他人施以善行。我们需要知道，善良可以在学校里成为常态。尽管我们可能不理解或无法解决他人的痛苦，但我们可以勇敢地坐在某人身边，陪伴其度过痛苦的时刻，通过一个小小的行为产生巨大的影响。

粗鲁的代价

始终如一地做到心地善良，其实可以归结为一个指导性问题：你想成为谁？克里斯蒂娜·波拉斯（Christine Porath）是乔治城大学麦克多诺商学院终身教授，同时也是《文明秘籍：工作场合宣言》（*Mastering Civility: A Manifesto for the Workplace*）一书的作者。她在2018年的TED（technology、entertainment、design的首字母缩写，即技术、娱乐、设计）演讲中就曾向美国内华达州的观众提出过这个问题。在这场基于研究的演讲中，她对工作场合中的粗鲁行为所要付出的代价以及尊重他人的行为如何提高工作成效和公司收益等问题给出了意想不到的见解（Porath，2018）。

虽然表面上看，学校和企业的环境不同，但波拉斯的许多研究成果仍适用于教育场景。她认为，八卦、刻薄的短信、嘲讽贬低以及普遍性的缺乏尊重等粗鲁行为会导致判断失误、工作质量下降以及慢性压力，从而导致员工出现健康问题，甚至死亡（Porath，2018）。

在一份调查中，波拉斯发现，粗鲁行为导致超过一半的员工生产力下降，80%的人感到担心和压力，超过12%的人干脆离职（Porath，2016）。有一家公司报告称，公司文化中的粗鲁行为每年造成的损失超过1 200万美元！就教职员工的流失情况而言，充满敌意的工作环境很可能导致人们做出离开这一行业的决定，同时，他们的离开还与日益严重的压力、抑郁、焦虑和孤独感有关。如果从教师的视角来看待这些负面影响，很明显，正向的学校文化是教师整体幸福的重要组成部分。

不仅如此，波拉斯（Porath，2016）还发现，粗鲁具有传染性，往往会导致“有毒”的职场文化。另一项研究发现，即便是那些在工作场所目睹粗鲁行为的人，其生产力也会因此下降。从与情绪传染和镜像神经元相关的神经科学的角度看，这是有道理的。她解释道：“粗鲁是一种病毒，它具有传染性。仅仅置身于其影响范围之内，我们就会成为它的携带者。它影响我们的情绪、动机、表现以及我们对待他人的方式。”（Porath，2018）。

与他人和谐共处的四个技巧

如何在主动进取与慷慨利他之间找到平衡呢？就这一点，我求助了我的朋友戴维·纳普－菲舍尔（David Knapp-Fisher）。他是一位作家，同时也是一位社交专家。他为企业举办社交活动和会议，并经常分享他个人的四个简单技巧。它们能帮你充分利用交往技能，过上有意义的、处处行善的生活。他的这些方法也适用于学校环境（Michael，2019b）。纳善－菲舍尔的四个技巧如下（Michael，2019b）：

1. 问候：当我们在学校大楼里遇到新人，或者频繁与同事打交道时，我们应该向他们问候。在社会交往方面，我们给予多少，就能得到多少。如果我们很友好，对同事、学生和家长的话表现出真正的兴趣，他们就很可能会对我们产生同样的感受，或者至少在交流后留下与我们相关的积极印象。人们通常喜欢谈论他们的激情所在。我们可以和他们聊聊这类话题，同时提些有意义的问题，以此展示我们的兴趣，并与他们建立信任。

2. 提供帮助：帮助他人并不意味着要做大善事，比如在周末帮助同事或一直照顾搭班教师的孩子。它其实很简单：我们可以把自己读过的一本有用的书的名字告诉别人，或者给他人推荐一个与其志趣相符的人气播客。小小的举动会产生大大的影响。正如亚当·格兰特在*Give and Take*①一书中指出的那样，虽然我们不必完全无私，也不必毫无边界地帮助他人一步一步接近自己的目标，但从长远来看，帮助他人做到这一点，对双方而言都是有利的。

---

① 该书的简体中文版已由中信出版集团于2018年6月出版，译名为《沃顿商学院最受欢迎的思维课》。——译者注

3. 寻求帮助：贝克（Baker，2014）认为，为了培养互惠互利的关系，向他人寻求帮助不失为一个好主意。寻求帮助本身可能具有难度，尤其对我们当中那些以独立而自豪的人来说。或许某位同事是某方面的专家，而你正需要这方面的意见。又或许某个教育助理已经计划好一次旅行，要去的地方又恰好是你一直想去的。寻求帮助就像让同事给你今年正在试用的新成绩单格式提点反馈意见一样简单。互惠行为有助于建立信任，而信任是持久关系的基础。

4. 跟进：最后，正如纳普－菲舍尔所言，后续跟进通常是建立人际关系网络中最容易被忽视的重要组成部分（Michael，2019b）。回头看看吧！你可能曾雄心勃勃地打算将来与某人建立联系。你做到了吗？想要巩固新建立的关系，或者培养更持久的联系，一封简短的电子邮件或一则汇报的短信就能起到很大的作用。

如何与他人建立融洽关系，是教师必学的一项重要技能，我们不仅可以借此获得事业上的成功，也能因此增进与同事之间的沟通。尤其重要的一点是，当我们渴望与那些可能有着不同文化背景的人建立融洽关系时，我们要考虑自身的文化盲点。

文化盲点

文化盲点可能会损害学校的凝聚力和包容性。苏亚雷斯－奥罗斯科等人（Suarez-Orozco et al.，2015）指出，在建设包容、公平的学校环境的过程中，我们必须意识到自身视角的有限性，并承认自己拥有特权。想象一下，午餐时间有个班级要和老师一起吃饭。班上有一个一年前从印度移居过来的女孩，一直吃的是米饭。忽然，老师严厉地点她的名字，斥责她用手抓饭吃。这位老师不知道对印度裔的人来说，用手抓饭吃是一种习俗——这种习俗反映了他们的观念，即食物是一种感官体验，以及在食用之前必须触摸食物以确保温度适宜。于是，孩子感到很羞愧，只好从教室的餐具罐里拿了一个叉子，按照老师认为唯一可接受的方式继续吃她的食物。

在迪安杰洛（DiAngelo，2018）看来，这是一个反映了种族微侵犯（racialized microaggression）[①] 的交流案例，是种族主义和偏狭的系统表达，是白人的特权和无知的直接结果。教师没有能力超越自己有限视角下的盲点。对孩子的饮食方式进行批评，是想用主流殖民叙事中的用餐规范将她同化，根本上则是在否定她的饮食习俗和文化价值观。虽然我们不太可能总是做到防范这些盲点，但要保持开放的态度，意识到我们可能会出错，并且有些时候我们需要对自己犯下的错误进行改正。

大多数人都在尽力而为

对他人做出积极的假设可能真的很具有挑战性，尤其当我们因为一次不顺利的交流而触发了反击、逃避或不知所措的状态时。设想一下，你班上有个学生似乎总是在最不合时宜的时候违反纪律，挑战你的权威，让你的课堂无法继续。虽然你可能在内心深处知道，他的搅局可能受归属感、重要性以及多样性等多种情感需求的驱动，但有时候你仍然会觉得这是一次人身攻击。想要消除这种负面交流的影响，

① “微侵犯”的概念最初产生于 1970 年，由哈佛大学教授、精神学家切斯特 · M. 皮尔斯提出，指的是“微妙”且常常是潜意识的轻微蔑视，被用来描述非黑色人种美国人对非洲裔美国人的侮辱和解雇案例。——译者注

你要付出极大的耐心。

不吝对他人意图做出积极假设会让人觉得有风险，特别是在将某人的意图解读为想要伤害我们时。如果我们将与他人的互动视为零和博弈（zero sum），这就意味着为了让某人感觉自己赢了，就必须有人输，而这个输的人很可能就是我们自己。利他主义不是一个零和博弈，而是一个双赢局面。处于这种精神状态的人，很难接受输的风险，因而大家更愿意为了获胜而努力。教师往往在这个时刻发现自己陷入了权力斗争，他们渴望通过空洞的威胁或不合理的管教手段来夺回控制权。在这种心态下，人会不惜一切代价去获胜。相比训练自己去发现黑与白之外的灰色地带，以及运用我们的同理心去获得不同视角，采用非黑即白的思路批判他人往往要容易得多。创造黑白对立的叙事很容易，尤其是在我们感受到威胁或身边的人发出号召时。

我们花了大量时间与父母、学生和同事进行互动，他们的生活经历和观点与我们大相径庭。透过他们的个人意图去看待他们，可以确保我们将自己的快乐最大化。我说的“透过他们的个人意图”到底是什么意思呢？不要试图揣摩言外之意，以为我们不认可的人都有着最坏的动机；倘若我们相信他们真的已经尽了自己最大的努力，他们的意图是源于一种基本的、未得到满足的情感需求，那么情况又会如何呢？如果我们不是用输赢的心态来处理冲突，而是问自己“这个人现在需要什么？我能帮助他得到吗？”，那么又会是什么样的情况呢？

与心脏健康、贫困、吸烟或肥胖相比，归属感更能预测人的预期寿命、幸福感、快乐和成就感（Achor，2010）。我们天生就会通过与他人的联系来寻找归属感。我们身体中的镜像神经元就是用来帮助我们做出反应，模仿周围人的行为，从而使我们更容易找到归属感的。

我们的同理心、同情心和发自内心的善举可以帮助我们在周围的人面前展现善良，并巩固信任和尊重。通过参与有意义的交流，我们能够对自己，也能对周围其他人的压力水平产生积极的影响。这些有意义的交流有助于我们与自己以及周围的人建立更紧密的联系。对作为教师的我们来说，它们至关重要，能够点燃我们的热情，这也是个人进行自我充实的一个重要方面。

如何激发你重建关系的热情

在本小节中，你将探讨在学校环境中建立融洽关系的可行策略、抵制有害学校文化的手段、在学校中建立信任感和归属感的切实方法，以及促进有意义的认可的有效举措。当你具有了社交意识并能运用人际关系技能时，作为一名教师，你会觉得自己更加全面和脚踏实地。致力于打造健康的学校共同体，不仅有利于你的学生和同事，也能让你自己从中受益。

建立融洽关系的策略

如果有可能轻松地与你遇到的任何人建立联系——无论是在教师会议上、复印机旁、开学典礼中、家长会上，还是在当地的咖啡馆里，那么情况会怎样？以下这些策略——EARS 策略[①]和“名字里有什么”策略，将帮助你与任何人建立良好的关系。

EARS 策略

布赖恩·米勒（Brian Miller）是一位全球知名的“企业魔术师”（corporate magician）、畅销书《三个新新人类》（*Three New People*）的作者，同时也是一名成功的 TED 演讲者（观看次数达 350 万）和

---

① EARS 指下文提到的眼神交流（eye contact）、避免分神（avoiding distraction）、真实反馈（reflecting back）、及时总结（summarizing）的首字母组合。——译者注

播客“超越网络”（Beyond Networking）的主持人。他提出了 EARS 策略，强调通过对话建立有意义的联系并主动倾听。该策略不仅有利于成年人之间的交流，也能成为教师在课堂上教授给学生的一种非常有用的方法（Miller，2018）。米勒建议通过以下四个步骤与人建立融洽的关系：

1. 眼神交流（E）： 训练与说话者或听众进行适度的眼神交流。

2. 避免分神（A）： 将注意力集中在与你交谈的人身上——拿开手机!

3. 真实反馈（R）： 向说话者真实反馈他所说的话。

4. 及时总结（S）： 在交流结束时总结要点。

当你能做到在与他人互动时不插入自己的回应和想法，你就会让对方感到被关注和聆听。正如史蒂芬·柯维所说，在沟通时，你应该想着去理解他人，而不是让他人理解你。

“名字里有什么”策略

名字是与人建立信任感和亲密感的重要渠道，尤其在对方主动叫你名字时，因为我们都喜欢听别人说出自己的名字。对教师来说，尤其是对那些在预科班或中学教书的人来说，当几百个学生在教室里来来往往时，记住他们的名字可能是建立班级归属感和凝聚力的关键。此外，当教师费尽心思记住学生的名字时，学生会感到他们受到了重视。

胡达·埃莎（Huda Essa）是一位作家、教师，同时也是一位社会公正倡导者。她在 2018 年的 TED 演讲中表示，我们的名字是人类文化、环境和语言进化的象征。名字反映了信仰、宗教习俗、家庭传统和文化结构。在西方文化中，那些名字与典型西方名字不同的少数群体，常常因为面临巨大的从众压力、种族主义和无意识偏见，而逐渐厌弃甚至寻求改变他们的名字。有时，教师为了避免念错，干脆从来不叫那些不熟悉的名字，因为他们不想弄错，不想对学生、师生关系以及整个班级造成不利影响。我们可以从名字中学到很多东西。名字是开启深层次跨文化理解的钥匙（Essa，2018）。

参考表4.3，学会在课堂上、社交活动中以及与同事相处时记住对方名字的各种技巧。

表4.3　记住名字的策略

策略	说明	示例
拼写	记住某个人名字的最简单方法就是让对方拼写自己的名字。把名字拼写出来，它就会显现在脑海里，根植于你大脑的视觉记忆中心（Miller，2018）	对于易混淆的名字： “怎么拼写的？” “M-o-r-g-a-n-e。” 对于常见的名字： 我们可以问杰夫，他的名字是G开头还是J开头。
重复	在最初知道对方名字后的5到10秒内，至少重复这个名字三遍，并把它当成你的任务。尽管这样做看似很奇怪且不自然，但对方往往非常喜欢听到自己的名字；即便有人短时间内连续三次叫出他的名字，也不会感觉有多么奇怪（Miller，2018）	“你好，阿什利。很高兴见到你，阿什利。你最喜欢学校哪一门课，阿什利？”
找头韵	当你想要记住别人的名字时，你可以尝试在脑海中选择一些形容词或难以忘掉的词。这些词的首字母与对方名字相同，可以很好地联系起来。还有个更好的办法是，将这个词与某个图片联系起来，从而在你的记忆中固定这个名字（Miller，2018）	• Mighty Miles（大力士迈尔斯） • Wacky Wanda（古怪的雯达） • Cashier Carly（收银员卡莉） • Tiny Tina（小蒂娜） • Funny Fiona（有趣的菲奥娜）

（续表）

策略	说明	示例
构建与回顾	大家都喜欢通过一大早在门口迎接学生来营造积极的氛围，但戴维·杰伊（又名“给力老师”）将这个行为提升到了一个新的水平。在整整一天，他都通过叫名字和个性化握手的方式，迎接他那75名中学生中的每一个人。正是通过这种构建与回顾（build and return），他记住了每位学生的握手方式（Michael，2019f）	通过以下步骤记住多个名字和多种握手方式：①每个学生想出一个不超过三个动作的握手方式。②一次学习五个学生的握手方式。③轮到下一组五个学生，然后回头巩固第一组五个学生的握手方式。④继续学习和复习名字及握手方式，直到你掌握了全班所有学生的信息。⑤第二天重复这个过程
告诉大家你的名字	埃莎（Essa，2018）建议，与其回避那些与主流文化习俗不同的名字，不如请学生详细介绍自己的名字，并探索他们名字的历史、文化和语言起源。这对所有参与者来说都有好处	①邀请某个学生介绍自己的名字：“你能告诉我你的名字吗？”②接着问：“你的名字是怎么念的？”请学生慢慢地念出名字。③一个音节一个音节地重复这个名字。④可以把名字写下来，或者将它与一个已知的词联系起来。⑤如果这样做既能了解相关性又体现尊重，你可以询问对方是否愿意分享其姓名的文化历史渊源。这样做，能增进你对学生的了解，也能加深你们之间的关系

在班级里和校园里与人相识时，记住对方的名字并迅速建立融洽关系是非常重要的。此外，信任也同样重要，因为它关乎有目的的持

续领导，能使学校中的成员感受到被重视和被看到。安布罗斯、布里奇斯和迪彼得罗等学者（Ambrose，Bridges，DiPietro et al.，2010）指出："创造有效的学习氛围通常包括让学生感觉到自己作为个体被导师和同伴所认可。"记住你学生的名字，并创造机会让他们记住彼此，能营造一种团队意识，减少他们的匿名性。

抵制有害学校文化的策略

以下策略有助于你在教师群体和学生群体中抵制有害的学校文化：

21天善行挑战活动

根据加德纳、拉利和沃德尔（Gardner，Lally & Wardle，2012）的研究，为一个新习惯打下基础只需21天，而长期巩固这个习惯则需要大约66天。那么为什么不在学校发起一项为期21天的全校善行挑战活动，以迅速启动校园善行文化呢？

1. 针对同事的挑战：发起善行挑战的一个简单方法，便是在员工之家的墙上张贴一块游戏板，上面印有21项善行挑战。这些挑战分布在一个大网格内，教师每完成一项挑战，就在旁边签上自己的名字。或者每个员工也可以随身携带一份个性化的复印版，大家每完成一项挑战，就可以在其中一个网格上画一个×。在约定的时间内，谁完成的挑战最多，谁就赢了。如果前三名能得到奖品，那就更有趣了！

下面一些建议，可以包含在21天善行挑战游戏板中：

· 给同事买杯咖啡。

· 主动承担同事的体操课，或者给同事的学生课后补习30分钟。

· 和兄弟班级一起到户外进行垃圾清理（与另一个班级进行友好比赛）。

· 给五位教师朋友发送温馨的早安问候，让他们的一天充满阳光。

· 在去学校上班的路上，主动帮助一位同事带东西。

· 计划在某个周五放学后去拜访亲友。

· 计划在某天放学后去锻炼。

· 午餐时段与几位同事一起去散步（邀请一些你平时不打交道的人）。

· 写一些便条向给予你支持的学校员工致谢。

· 每天给不同的同事留一份秘密礼物。

· 为员工之家买些点心。

2. 针对学生的挑战： 对于学生，你可以发起一项有组织的善意调查，问学生："我们如何才能做到善良？" 学生可以进行头脑风暴，讨论在 21 天的时间里，如何每天做一件充满善意的事。这些想法既可以放到班级日历上，也可以放到帽子里，供大家随机抽取。事实上，我们可以有很多方法去适应不同层次、兴趣和课堂主题的挑战。在整个学校开展为期 21 天的善行挑战，无疑是实现积极变革、强化共同价值观的有力途径。

一起游戏

在日复一日的学校生活中，人们很容易受到压力影响而感情用事。应对压力甚至是有害的学校文化的一种方法，就是定期开展并参与富有创意的或社交性的活动。据我的经验，有些最为积极的学校文化正源于我们在课堂之外共同度过的时光。

加拿大不列颠哥伦比亚省维多利亚市詹姆斯 · 道格拉斯爵士学校（Sir James Douglas School）有一个令人难忘的圣诞节传统——"笔名（Nom de Plume）年度早餐"。就在这所学校，我教授其中一个幼儿园班级，开始了我的职业生涯。在寒假前最后一天，全体教职工（教师、行政人员、管理员和教学助理）会在早晨7：30聚集在学校教工之家，一同庆祝。每个人都会带美食来分享——其中总有令人印象深刻的早餐，包括自制的蛋奶酥、面包、炖菜、培根、香肠、鸡蛋、鲜榨果汁、法式吐司、热巧克力和优质咖啡。然后，等吃完早餐，大家会坐在一起，开始我们的“笔名仪式”。

在这一特别的年度事件到来的几周前，我们的常驻活动组织者特里什·鲁滨逊（Trish Robinson）（她在我隔壁的教室教一年级）会让每个员工为自己想一个“笔名”——一个能象征性代表自己的笔名，并把这些名字放在一个帽子里。比如，有一年，因为我喜欢烘焙和装饰纸杯蛋糕，我就称自己为“纸杯蛋糕女王”。还有人将自己在瑞典的出生地坐标作为笔名。一位同事称自己为“诗圣”，因为她最喜欢教的科目就是诗歌。

早餐前，每位参与者都负责购买一份便宜的小礼物。通常，这些礼物都很有趣，有时也让人感怀。有些人会写歌、写笑话、写诗或写信。老师们展现出的创造力令人惊叹。吃早餐时，每一位员工都会从帽子里抽取一个名字，然后努力根据神秘的笔名来猜测他们选中的人是谁。整个上午我最喜欢静静地看着人们把礼物送给各自选中的笔名的主人。现场不时有人激动落泪、相互拥抱，并不断发出笑声，尤其当我们的猜测完全是张冠李戴时。这样的年度仪式让我们的员工更加强大。当我们在员工会议上遭遇挑战，或是难以与学生打交道时，这些点点滴滴的记忆能让我们紧密团结在一起。在彼此的眼里，我们首先是有血有肉的人，然后才是学校员工。

那么，员工该如何通过新颖的、积极的仪式来加强凝聚力和协作能力？员工可以通过哪些有趣的方式来建立牢固的联系和信任？不妨参考以下点子，并与你的员工一起策划一个活动。

· 举办一年一度的年终主题化装烧烤会。

- 策划一次全市范围的团队寻宝游戏。
- 参加当地的社区募捐活动，并自愿担任其中的工作人员。
- 每月举办一次员工午餐汤品俱乐部活动。
- 为每位员工指派“生日搭档”，由对方为其庆祝这一特殊的日子。

培养信任感和归属感的策略

米内奥（Mineo，2014）认为，作为教师，获取信任是我们成功不可或缺的一部分。你与同事、班上的学生以及家长进行交流，要么将建立信任，要么将破坏信任。如果你的学生信任你，你的教学就会变得有效。尹弘飚、李子建、靳玉乐与张忠华（Yin，Lee，Jin & Zhang，2012）则指出，如果你能走近学生、教导学生，你就会觉得浑身充满力量，做事富有成效。在课堂上培养信任感和归属感，与你作为一名教师的效能感和幸福感密切相关。

弹珠罐游戏

在教室里，一罐弹珠就可以帮助学生理解什么是信任。布朗（Brown，2015）在她的著作 *Rising Strong*[①] 中就提到了这一观点。布朗是一位故事叙述研究者（researcher-storyteller），同时也是休斯敦大学的教授，她因为对羞耻感和脆弱性的大量研究而声名远扬。在 *Daring Greatly*[②] 一书中，布朗（Brown，2012）指出：“脆弱是指与那些有资格听我们倾诉的人分享我们的感受和经历。脆弱和开放是相互

① 该书的简体中文版由中信出版集团于 2017 年 7 月出版，译名为《成长到死》。——译者注

② 该书的简体中文版由湖南科学技术出版集团于 2015 年 3 月出版，译名为《活出感性：直面脆弱，拥抱不完美的自己》。——译者注

的，也是建立信任过程中不可或缺的一部分。”因此，脆弱是建立信任的一个重要组成部分，因为它传递了一种人的共通性，即我们都经历了这一切，这也是用弹珠罐来阐明信任的基础。

在进行弹珠罐游戏前，请阅读以下五步说明：

1. 让全班同学想象一下，他们对生活中每一种关系的信任程度都可以用一个能装满弹珠的罐子来表示。向全班同学展示一个中等大小的罐子和一袋弹珠。

2. 接着解释，我们可以通过在罐子里放入弹珠来积累信任感，也可以通过取出弹珠来降低这种信任感，这取决于我们的互动方式。

• 全班创建一个列表，列出那些有助于增加个人或班级信任感的事情。例如，当一个学生帮助另一个受伤的学生时，第一个学生就表现出了值得信赖的行为。当全班同学课间休息后迅速返回教室时，他们就赢得了老师的信任。

• 创建一个列表，列出那些会降低个人或班级信任感的方式。例如，将他人排除在游戏或活动之外，可能会削弱与他人之间的信任。如果有个学生问都不问就从讲台上拿东西，这种行为会让老师很难信任整个班级。

3. 如果某个人放进去的弹珠多于取出来的弹珠，通常情况下，我们会倾向于信任那个人。

4. 对个体或全班同学的信任感不管是增加了还是减少了，都用弹珠罐子进行记录。相应地放入和取出弹珠，最终的目的是填满罐子。

5. 每个学生在纸上画出自己的弹珠罐子，请同学记录与友谊和交流相关的事件，这些事件会填满或清空他们的弹珠罐子。

布朗（Brown，2015）解释道，信任可以通过以下任何一种方式得以存储：

- 寻求帮助
- 接受他人的善举
- 无私奉献
- 提供有意义的反馈
- 建立明确的界限
- 展示能力
- 对自己的行为负责
- 信守承诺
- 表现正直
- 在他人面前表现勇敢
- 把他人往好处想

信任是在“微时刻”中建立的，即看似微不足道的互动时刻（Brown，2015）。在班级和学校建立信任，是促进学生健康发展的一个重要方面。虽然这项活动是专门为如何在你的课堂上建立信任而设计的，但它也适用于构建更广泛的关系，如你与同事、管理人员、教辅人员甚至家庭成员之间的关系。

“安全圈”活动

在新的一年开始时，教师的目标始终是在课堂内建立一个心理安全和信任的环境，从而在全校范围内营造一种更广泛的安全氛围。西蒙·西内克（Simon Sinek，2014）在 *Leaders Eat Last*[①] 一书中，就使用“安全圈”（circle of safety）一词描述我们希望在任何组织结构中建立的理想环境。这种理想环境能形成具有信任、归属感和心理安全

① 该书的简体中文版于 2015 年 9 月由广东人民出版社出版，译名为《团队领导最后吃饭：建立牢固“安全圈”，实现团队效能 10 倍增长》。——译者注

的文化。“安全圈”覆盖了整个组织，而非仅限于那些拥有权威头衔的少数几个人。它为学习、创新、创造力和自我表达提供了理想的环境。这项活动也可以进行相应调整，从而为员工创造有关学校文化和社区的愿景。以下四个步骤可帮助你在课堂内建立“安全圈”：

1. 在尊重他人行为的基础上，建立一个共同的课堂愿景。我们希望拥有什么样的课堂？我们想要看到什么？这样的课堂听起来会是什么样的？我们会听到什么？感觉会如何？比如：“我们希望课堂里每个人都能感受到尊重。在这样的课堂里，我们将看到笑容、走动、分享和合作。我们将听到善意的言辞、创造性的想法，以及包含鼓励和尊重的语言交流。我们将感受到勇敢、快乐和平静。”

2. 根据你想拥有的课堂类型，写一份班级承诺。例如：“我们承诺将以仁心相待，全力以赴，在班级环境中、彼此相处时以及对待自己上坚守安全原则。”

3. 让学生签署这个承诺。

4. 在整个一年中，不断提及该承诺，并提醒学生：他们共同拥有一个愿景，希望课堂充满快乐，充满学习的氛围。

在“安全圈”内，你可以充分发挥大脑新皮层[①]的潜力，因为你不会感受到威胁，也不会触发情绪的波动（Sinek，2014）。建立心理安全的学习环境，一部分源于建立信任。

七天感恩短信挑战活动

还记得第一章中提到的“三件善事”练习吗？七天感恩短信挑战活动的发起者莉萨·贝利斯（Lisa Baylis）是一位学校顾问和教

① 新皮层指在系统发生上出现较晚、分化程度最高的大脑半球外侧面结构。——译者注

师正念导师，同时也是《教育者的自我关怀》（*Self-Compassion for Educators*）一书的作者。对这项活动，我们将致以一份感激和一份友情，并将之调成一杯完美的“情缘鸡尾酒”（connection cocktail）。以下是这一活动的六个步骤：

1. 选择一位教师朋友或同事，共同进行为期一周的挑战。

2. 每天晚上抽出 3~5 分钟时间，反思当天发生在你身上的一件好事。

3. 向你的朋友发送短信，表达你的感恩。比如：“今天，我在 30 分钟的准备时间内成功地完成了待办事项中的所有工作！”

4. 对你同事的感恩进行赞美，同时也要高兴地看到，尽管只是片刻，你也已经赢得了机会，与你生活中重要的某个人建立起了非常有意义的关系。

5. 在一周内重复此过程。

6. 在周末反思一下你对朋友、对自己的整体感觉，以及你的整体幸福感。

促进有意义的认可的策略

作为一名教师，你会定期给学生、同事和管理人员提供积极的、建设性的反馈。你给予反馈的方式会对你身边的各种关系产生积极或消极的影响。人际关系研究者约翰·戈特曼（John Gottman）曾指出，在积极的人际关系之中，真实发生的积极互动与消极互动之间存在着一个已得到验证的比例。他指出，个体之间的每一次消极互动，一定会有五个积极的后续互动，以维持关系的健康状态。换句话说，除非积极互动的数量超过消极互动的五倍，否则这段关系很可能就会破裂。

“2×10”活动

这是一种名为“2×10”的有效方法，根据麦吉本（McKibben，2014）的说法，它能有效地增加积极互动的真实机会。

1. 选择一名在课堂上特别显眼的学生，这样的学生往往在一天内需要别人提供大量且频繁的建设性反馈。例如，我们可以聚焦一名在课堂上捣乱的学生，这名学生很难在课堂内做到尊重他人。

2. 在接下去的 10 天里，每天留出 2 分钟时间，以积极的方式与这名学生进行交流。表扬他好的方面，和他一起讲笑话，谈论他的兴趣，问些真实而有意义的问题，以表示你对他的消遣方式感到好奇。

假如我们能更多地留意互动交流，同时牢记戈特曼的规则，结果又会是怎样的呢？我们的课堂文化会有什么样的不同？一旦知道我们的大多数互动都是积极的，我们会有什么样的感觉？我们都知道，成功的教师之所以取得成效，是因为他们建立了良好的关系。增加我们的积极互动未必都能立即获得回报；然而，它的确有助于营造一个更快乐的课堂环境，因此也有助于培养一个更幸福的教师。

本章小结

在本章中，我们探讨了如何更有意义地与周围的人建立关系，从而使自己变得快乐，也让学校文化变得更加积极正向。我们研究了善良的科学原理，探讨了善良给生理和精神面貌带来的好处。通过探索与培养信任、脆弱性、换位思考和认可相关的研究，我们也探讨了如何促进更积极的学校文化的形成。

读完本章，我希望你能带着兴奋，激励自己去建设当下的关系，并为未来的关系奠定坚实的基础。我有信心，你会充满力量，认识到行善是职场幸福的关键，你也会用这种力量去反对“索取者文化”（a taker culture）。我们应该相互鼓励，承认他人的成功并为之鼓掌，遵循丰盈内心的立场，明白成功和幸福并不是什么稀缺资源。交流产生交流，关系催生关系。与人交流的需要是我们与生俱来的。要想成为一名精力充沛的教师，关系的建立至关重要。

第五章

展现自我：如何将创造力作为人性的一种表达

不要寻求许可，不要等着被挑选，要拒绝被人肆意挑选。自己选择自己。

——塞思·戈丁

每个人都有创造力。是的，你可以拥有自己的创造力！我们都有创造的能力，但我们需要有足够的勇气，让这种创造力融入我们的生活和常态。当我们允许自己去体验创造力，而无所谓结果如何时，我们就能够发掘比自己更强大的力量，即人性的本质；我们就有能力解决一些最复杂的问题；我们就能学会如何最真实地展现自己。根据我的经验，锻炼创造力能让我们与更深层次的幸福感和目标感建立关系。

在本章中，你将探索有关创造力天赋以及表达创造力的需求的研究。你将了解创造力是如何随着年龄的增长而下降的，以及如何通过在日常生活中增加发挥创造力的机会来应对这种情况。你将发现创造力给教师和学生带来的诸多益处，同时还会了解影响创造力的那些典型障碍。本章最后提出了各种培养创造性思维以及开展有力的创意实践活动的策略。

关于创造力表达的各种研究

根据迪亚兹－瓦雷拉和赖特（Diaz-Varela & Wright，2019）的研究，创造力是一种被低估却至关重要的能力，教师们应该从职业角度和个人角度出发，有意识地在学生内部以及自己内部培养创造力，以增强幸福感、自我效能感和快乐感。戈特利布与贾赫纳等学者（Gotlieb，Jahner et al.，2016）指出，社会情感能力水平高的人往往表现出相对较高的创造力水平。菲什曼－韦弗（Fishman-Weaver，2019）认为，创造力与社会情感能力密切相关，有助于我们在工作和个人生活中取得成功。当我们将自我意识、自我管理、社会意识、关系建构以及负责任的决策等社会情感技能结合起来时，我们就能更深入地挖掘创造力，从而实现更真实的自我表达。

创造力的逐渐衰退

在我们步入成年后，许多人会逐渐放弃对创造力的培养。作家卡尔顿·诺伊斯（Carlton Noyes）在其1907年出版的《赏识之门》（*The Gate of Appreciation*）一书中说道："儿童首先是个艺术家，他用周围的材料创造了一个自己的世界……他的调皮捣蛋就是他的表达。"在我们步入成年后，责任的负担会使我们调皮的创造力逐渐减弱。贾维斯（Jarvis，2019）指出："作为成年人，现代生活的长期压力和不确定性让我们处在封闭的状态，专注于检查我们待办事项列表中的下一栏。"作家、创意思想领袖汤姆·凯利与戴维·凯利研究发现，当谈到创造力时，只有25%的人认为他们正在发挥自己的潜力。此外，与创造力有关的羞耻事件会导致创造力信心的严重丧失，并可能延续至成年。比如，如果老师或同学贬低了孩子努力绘制的图画或引以为豪的作品，他就可能为自己的创造力感到羞愧。正如汤姆·凯利与戴维·凯利所断言的那样："当一个孩子对自己的创造力失去信心时，其影响可能是深远的。"（Kelley & Kelley，2013）

戈普尼克等学者（Gopnik et al.，2017）指出，发散性思维——为问题找到创造性的解决方案——在儿童时期达到顶峰，进入成年后往往急剧减弱。因此，如果我们想要让子孙后代在成年后仍有可能保持自己的创造能力，教师便应努力支持学生在学校完成自己的创意之旅，同时身体力行，坚韧不拔地开展有力的创意实践活动，为学生树立榜样。我们可以将自己培养成有创造力的思考者（Kelley & Kelley，2013）。作为成年人，我们可以重新学习创造的艺术，而且我们也应该这样做，因为我们的幸福感就取决于它！发散性思维是教师的一项重要品质，具体而言，它有助于我们解决问题，突破思维局限，并为学生创造有价值的学习机会。

人人都具有创造力

我们生来就具有创造力。大多数正常的幼儿只需要一些道具以及暂时抛开常识和逻辑，就能想象出一个复杂的虚构世界。汤姆·凯利和戴维·凯利（Kelley & Kelley，2013）在他们的 *Creative Confidence*[①] 一书中写道："我们在很小的时候就学会了怕被人评判。然而，我们并不是一开始就这样的，大多数孩子天生就有勇气。"任何一个年幼的孩子都会把一个空的酸奶容器带到浴缸里，然后沉浸

① 该书的简体中文版由中信出版社于 2014 年 10 月出版，译名为《创新自信力》。——译者注

在一个关于海盗船、大海和失落宝藏的复杂故事中。根据作家、世界知名专业摄影师蔡斯·贾维斯的说法："创造力是将两种或两种以上的东西以新颖实用的方式进行组合或重新排列的实践。"（Jarvis，2019）

贾维斯坚信，创造力不是职业艺术家的专属，它是一种生活方式。他说："是的，艺术是创造力的一个子集，但创造力……是将你的想法转化为现实的能力。"（Jarvis，2019）我们可以通过饭菜的准备、午餐后消磨时光的爱好、学年初装扮教室的方式、课堂上解决问题的办法，甚至成绩单评语的撰写来展现我们的创意。有观点认为，这个世界上的人可以分为有创造力的和无创造力的两个群体，这是个谬误。无论是在教师的职业生涯还是在个人生活中，创造力都是我们全身心投入所做一切的方式。创造力无处不在，尽管随着我们长大成人，创造力可能会变得难以触及。

尽管我们的成年生活繁忙不堪，但我们仍有办法将创造力融入日常生活中。比娅·凯泽斯（Bea Keizers）是一名小学助教，任教于希伯来语学校。自从比娅在小时候第一次从母亲和祖母那里学到了纺纱、编织、针织和钩织等技能起，这些事情就成了她生活中不可或缺的部分。比娅是一个聪明的孩子，总是能提前完成作业。她一直记得三年级的老师米切尔夫人允许她在课堂上用钩针编织，只要她保持安静。"我手里总是在摆弄针线。"她回忆道。（摘自比娅·凯泽斯 2021 年 6 月 18 日的个人通信）

成年后，比娅的工作围绕各种有特殊需求的特殊儿童，同时为希伯来语课外学校制订课程计划。每天早上，她都会抽出时间弄几排针织或钩织，权当是在繁忙的一天开启前滋养灵魂的一种方式。她如此说道："在开始一天疯狂的节奏之前，安安静静地编织，简单重复的动作，给我带来了极大的平静。"此外，编出成品、织出实物的行为本身，也给了她成就感和能力感。作为教师，解决学生的日常挑战——无论是具体的还是抽象的，都会让我们感到疲惫不堪、效率低下。比娅断言："我可以回家，在复杂的织布机上编织两英寸的布，然后说，我今天就完成这么多。"（摘自比娅·凯泽斯2021年6月18日的个人通信）

几年前的一节羽毛球课上，比娅在帮助学生时发生了意外，导致她左臂骨折，并且出现了严重的脑震荡。从此她失去了说英语的能力，只能用德语（她的母语）进行交流。同时她还难以排序和处理工艺流程，而这些都是纺织工艺的关键技能。"这段经历让我对那些大脑功能不同寻常的人有了深切的理解和同情，"她回忆道，"也许我以前为自己的技艺扬扬自得，但这个意外让我明白，一切都可能迅速失去。我再也不能编织或织布了。"（摘自比娅·凯泽斯2021年6月18日的个人通信）

时间一天天过去，比娅恢复了手臂的功能，并重新学会了英语。然而，最让医生惊讶的是，通过编织、针织和钩织，她完成了大脑的康复。比娅勤奋地练习手艺。这是她小时候的生命所系，现在又成了她找回自我表达感的方式。她继续在我的学校担任助教，帮助孩子，并为他们每天的生活带来显而易见的变化。

创造力给学校乃至全球带来的好处

莫兰指出，我们大多数人都会认为，作为21世纪的教师，我们的目的是帮助我们所负责的学生对不可预测的未来做好准备。学校培养学生的方法多种多样、各不相同，而帮助学生发展想象力、培养他们的创造力显得尤其重要（Moran，2018）。一旦有了创造力，我们就能看到成长、创新和发展的潜力。而如果没有创造力，我们就无法适应一个不断变化的现代世界。已故的肯·罗宾逊爵士（Sir Ken

Robinson）在2006年做过一次TED演讲，题目叫《学校扼杀创造力了吗？》（*Do Schools Kill Creativity?*）。在这个备受关注的演讲中，罗宾逊爵士有过一个著名的论断，即创造力应该被视为学生在学校能获得的最重要的能力之一，与读写教学同等重要。作为教育者，我们需要将创造力置于课程前沿，并将其融入自己的生活方式中。

按照畅销书作家塞思·戈丁的说法，高效的教师通过教会学生解决有趣的问题，以及开发每个学生的内在领导才能来为未来做准备。有效解决问题和培养领导力需要创造力、灵活性以及跳出自身视野局限去接受他人观点的能力，同时还要有发现不同事物之间关联的洞察力。创造力使我们能够超越现状，并为未来设想一个全新的、更好的可能性。

麦肯齐与巴瑟斯特–亨特（MacKenzie & Bathurst-Hunt，2019）指出，探究式学习方法已在课堂上得到推广，其通过展示和探索个人的好奇心与游戏精神，强化了以学生为主导的学习。探究使得学生既能够展现自己的个性，同时也教会他们如何释放自己的热情与好奇心。按照麦肯齐和巴瑟斯特–亨特的说法，成功的探究式课堂也极大地满足了教师自身的探究心理和探究追求。高效的教师还学会了如何利用自己的好奇心，如何作为模范展示本质特征，诸如游戏精神、创造力、激情以及跳出常规、回归本质的思维能力等，从而在专业和个人层面上帮助学生成为真正的、好奇的学习者。有时候，我们很有必要跳出舒适区和专业领域，通过新的体验学习新的事物，然后将这些知识、经验和重新激发的热情带回课堂，这就是“跳出常规、回归本质”的精髓。

好奇心是创造性、探究式课堂的重要组成部分，因为教师会“通过挑战学生思维，激发探索欲望来培养学生的好奇心，并示范启发性问题是如何驱动学习机会的”（MacKenzie & Bathurst-Hunt，

2019）。对任何富有创造力的教师来说，游戏都是一个重要的关注点。通过游戏，他们“将挑战被视为改善教学实践和从不同角度看待问题的机会”（MacKenzie & Bathurst-Hunt，2019）。尽管大多数关于游戏化学习的研究都集中在儿童身上，但最近关于教师游戏精神（teacher playfulness）及教师培训背景下的教师游戏化学习的研究也开始出现，并成为一个研究重点，这表明好奇心对教师和学生双方都有益处。研究者发现，游戏在教师教育中具有不可或缺的价值，它对学生和教师学习均具有积极影响，还能提升师生的社会情感能力（Diaz-Varela & Wright，2019）。运用探究式学习方法的教师往往充满激情，能感受到学习和实践的快乐，并与他人一同分享这种快乐（MacKenzie & Bathurst-Hunt，2019）。

运用探究式学习方法的教师能跳出课堂和自身视角，从一个全新的角度看待一个话题或概念。通常情况下，跳出课堂再回归课堂，会产生有益的思想碰撞。课堂教学有个“20% 时间制”（20-percent time），对学生来说，“20% 时间制”能让他们有机会每天或每周抽出 20% 的时间去释放热情或者探究某些项目，以此来促进自己在学习旅程中的自主性。朱利安尼（Juliani，2013）指出，这个概念最初源于对谷歌创意文化价值的研究，后来又被应用到了教育领域。在谷歌，公司为员工分配的工作时间中，20% 可用来从事当前任务之外的事情。事实证明，在课堂上关注创造力，不仅对我们的学生有益，对教师也有直接的好处——无论是在专业层面还是在个人层面。

创造力给教师个人带来的好处

作为教师，我们应该力求在专业领域发挥创造力，以造福我们的学生。创造力是教师表达所见所闻的渠道，能丰富我们的个人生活，也能丰富学生的生活。当教师感到不堪重负、精疲力竭时，游戏精神和好奇心就是一剂受人欢迎的解药。创造力和游戏能带来许多已被证实的好处，包括提升幸福感、改善心理健康，以及帮助加强我们大脑中的神经通路（Kelley & Kelley，2013）。

提升幸福感

从事让我们感到自己有能力掌控、能够平和应对的创造性活动（比如缝纫、编织、重新布置教室、绘画或写作）会激活心流。心流是创造力的根源。心理学家、演说家和作家米哈里·契克森米哈赖（Mihaly Csikszentmihalyi，2004）就指出，心流对人类有目的和有意义的表达至关重要。契克森米哈赖终生致力于研究是什么让人们感到幸福和满足。他在 2004 年的 TED 演讲《幸福的秘密》中指出，物质财富并不能保证幸福，人只有处在心流状态时才可能找到真正的幸福。大多数人都能接触到一个可以让他们进入心流状态的活动。心流是游戏，也是创造力的真正表达。斯塔尔（Stahl，2018）指出，仅仅是完成一项任务就会让我们的大脑充满多巴胺，使我们感觉良好，并将我们与大脑中的奖励回路相连接，帮助我们获得成就感与自豪感。

改善心理健康

创造力和发散思维有助于心理健康，并能大幅减少抑郁、焦虑和孤独（Stahl，2018）。科胡特（Cohut，2018）通过研究发现，表达性写作对调节我们的心理健康尤为有益。如果要从精神上进行深层次自我沟通，那么我最快乐的记忆便是与朋友一起在篝火旁唱歌，书写我的博客，与同事一起设计和合作新的课程单元，或者为孩子们装扮生日蛋糕。即便是瞬间的创造力，也能让人感到全身心的投入与快乐。腾出空间和时间来欣赏此类时刻对我们整体幸福感的提升有重要意义，有助于我们从自己的创造力中受益。

强化大脑功能

维塔尔（Vitale，2011）发现，创造力可以刺激大脑左右半球间的连接，从而创造多种神经通路，使我们更加灵活，更具有创造性。根据研究，尽管人们普遍认为具有分析能力的人（如数学家）属于左脑型，而更具有创造能力的人（如音乐家）属于右脑型，但我们也了解，许多音乐家和艺术家的大脑既有分析性特征，也有创造性特征。从本质上讲，创造力和艺术会让我们更加聪明！

创造力可以帮助我们识别和解决具有挑战性的问题。它帮助我们给这个世界带来意义感和目的感。学会发挥我们的创造力，既能让我们成为更好的教育者，也会让我们更加快乐，更加全心全意。

创造力障碍

人到成年后，小时候的那些想象力、创造性思维都去哪儿了？有几个潜在的因素可能限制了我们的创造力自信，包括时间碎片（在琐碎、耗时的任务上浪费宝贵的时间）、拖延症、完美主义和攀比，以及在心理上缺乏安全感的工作、学习和生活环境中变得谨小慎微（梦想渺小而现实，而不是追梦摘星），或者认为条件不足。

时间碎片

时间碎片（time confetti）是布里吉德·舒尔特（Brigid Schulte，2014）在其《不堪重负：无人拥有闲暇时的工作、爱情和娱乐》（*Overwhelmed: Work*，*Love*，*and Play When No One Has the Time*）一书中提出的一个概念，指的是每天由于无效的多任务处理和与技术相关的干扰而失去的那些逐渐累积、频繁发生且看似微不足道的时间片段。按照 *Time Smart: How to Reclaim Your Time and Live a Happier*

Life[①] 一书的作者阿什莉·惠兰斯（Ashley Whillans，2020）的说法，我们如今拥有的闲暇时间要比五十年前的前辈们多。她说，尽管如此，由于技术的发展、责任的增加以及工作和家庭之间的界限变得模糊，我们仍感到时间匮乏。作为教师，我们更能感受到这种界限的模糊，因为评价方式、与家长和同事的沟通，甚至教学本身都已转移到在线平台。此外，我们正默许日益普及、无处不在的科技设备干扰我们进行创造性活动的努力。想要具备创造力不是一件简单的事，因此任何事物都可能阻止心流。不幸的是，我们身边的电子设备在设计上利用了大脑的奖励中枢，通过诱使我们对社交媒体上的通知信息进行反复查看，从而轻而易举地阻止了心流（Seppälä，2017）。

马泰（Matei，2019）发现，社交媒体公司采用了与赌场相同的策略，它们与可卡因等高度成瘾的药物一样，激活了相同的大脑机制，难怪我们会对科技产品上瘾。根据时间管理软件“救援你的时间”（RescueTime）收集的统计数据，麦凯（MacKay，2019）分析后指出：“排名前 20% 的智能手机用户每天花在手机上的时间超过 4.5 小时。”如果推算一下，我们就会发现这些小时数累加起来相当可观：它相当于这些人每年有整整 68 天的时间花在了科技产品上。如果你不看手机，那么你能在这 68 天里做些什么呢？把过去十年的照片整理到剪贴簿里去？读 30 本书？做点生意来多赚点钱？开始写一本书？为未来几年设计详细的教学内容？坚持锻炼？学习一项新技能？认识一位新朋友？开一家读书俱乐部？多学几门课程？我们可以有无数的方法找回失去的时间并从中受益！

如果你想有创造力，你就得为自己设定一些限制，以确保没有任

① 该书的简体中文版已于 2022 年 5 月由北京日报出版社出版，译名为《时间不是挤出来的，是安排出来的》。——译者注

何东西可以渗透进来破坏你的创造性表达。比如，你可以考虑设定如下限制：

- 决定一个特定时间进行创作，在那段时间里关掉电视，放下手机。
- 关闭电脑桌面上的电子邮件通知。
- 与朋友或家人外出时，远离手机。
- 留出一段时间（几小时甚至一整天）远离科技产品。
- 适应安静的环境，开始工作。

拖延症

创造力催生创造力，而拖延症则会阻碍自由流畅、潜力无穷的创造力。为了获得好的想法，你必须经历很多糟糕的想法（Kelley & Kelley，2013），但是拖延症可能会完全中断这一过程。拖延症是麻痹我们前进的阻力，使我们无法从当下的位置向前迈进，到达我们知道自己应去的地方。正如研究者杰弗里·普费弗（Jeffrey Pfeffer）和罗伯特·萨顿（Robert Sutton）在 *The Knowing-Doing Gap*① 一书中指出的那样，在知与行之间存在着一条鸿沟，当我们对自己的能力缺乏信心或担心行动结果时，这道鸿沟就会阻碍我们采取行动。我们可以决定如何变得富有创造力，创造力并非只是偶然发生在我们身上的事情。汤姆·凯利和戴维·凯利这对教授兄弟曾说："你需要有意识地选择创造力。"（Kelley & Kelley，2013）要让自己对创造力持开放态度。产生创造性思维的关键，是你必须习惯于创造性生产的行

① 该书的简体中文版已由机械工业出版社于2010年6月出版，译名为《工作最怕光说不练》。——译者注

为，这意味着你必须为之留出时间和动力，尽管你可能会感到不舒服（Jarvis，2019）。

有时候，拖延症甚至会让我们连启动一项创造性的任务都觉得困难。我们可能会感到束手无策，被一种普遍存在的创造力枯竭所压垮。作家塞思·戈丁在接受播客“善见 101”的一次采访时说：“所谓的才思枯竭并不存在。”（Michael，2018f）相反，他断言，拖延只是恐惧的一种形式，如果我们想成为专业人士，去从事重要的工作，我们就必须面对它。拖延是不知所措的一种表现形式，我们在面对某项任务时，会因目标太过庞大而选择将其尽可能推后，以逃避学习新事物时的不适感。

在 *Bird by Bird*[①] 一书中，作者安妮·拉莫特（Anne Lamott，1995）讲述了她弟弟写一份读书报告的过程，那时她弟弟才 10 岁，那份可怕的报告是关于鸟类的。报告要上交的前一晚，她弟弟还没开始写。她弟弟心烦意乱，拉莫特的父亲则坐在一旁解释说，他儿子所要做的，其实就是一次记录一只鸟——一只鸟接着一只鸟。作为一名作家，在创造性工作中，拉莫特也运用同样的理念来克服她基于恐惧的拖延症。我们常常会对那些庞杂的任务感到不知所措。同理，我们的学生也会觉得那些作业很难应付。如果能将其分解成小块的、易于操作的部分，那么任何创造性任务就会变得更容易实现且不那么令人生畏。

---

① 该书的简体中文版先后由商务印书馆（2013 年 1 月）和中信出版集团（2023 年 3 月）出版。商务印书馆版的译名为《关于写作：一只鸟接着一只鸟》，中信出版集团版的译名为《一只鸟接着一只鸟：关于写作与人生的建议》。——译者注

完美主义

完美主义是创造力的敌人，因为它在我们甚至还没有开始任务时，就已经在我们脆弱的自我表达中植入了怀疑和恐惧。伊丽莎白·吉尔伯特（Elizabeth Gilbert）在其 *Big Magic*[①] 一书中断言："我认为完美主义只是高端的、高级定制版的恐惧。……因为在那闪亮的外表下，完美主义只不过是一种深深的存在主义焦虑，一次又一次地说：'我不够好，我永远都不够好。'"当我们在职业和个人生活中开展创新和试验时，完美主义不允许我们反复进行重要的冒险尝试。通常，"想要做到最好反而会阻止你变得更好"（Kelley & Kelley，2013）。

当思考教育工作时，我们就可以挑战自己，去围绕一个主题创建各种课程和单元内容。在创造和重建学习机会的过程中，我们有机会对计划进行调整并增强创造性。

攀比

与完美主义紧密相关的是它"邪恶的孪生兄弟"——攀比。无论我们是在社交媒体上刷屏，浏览在线手工艺制作网站，还是走在学校的走廊上，我们都很难不把自己与其他教师身上的亮点进行比较。萨默维尔（Summerville，2019）指出，根据心理学家的研究，我们有10% 的心思都浪费在了攀比中。攀比通常带来负面情绪，特别是在和一个看起来比自己优秀的人进行比较时。攀比的行为会让我们失去创造力和独特的魅力。

正如汤姆·凯利和戴维·凯利（Kelley & Kelley，2013）在《创新自信力》一书中所说的："如果你过于担心自己是否符合社会期望，

---

① 该书的简体中文版已由中信出版集团于 2018 年 9 月出版，译名为《去当你想当的任何人吧：寻找自我的文化魔法》。——译者注

或者过于担忧自己能否和别人一样成功，你就无法承担创造性活动本身所固有的冒险和开拓。”换句话说，攀比使我们无法正面地接受我们的创造性表达能力。攀比还让我们对自己感觉糟糕。为了克服攀比的负面影响，我们应停止四处张望，寻找自己不够好的证据，而应该重新关注那些让我们充满活力的东西。

心理不安全的环境与谨小慎微

在社会情感学习中，培养心理安全感至关重要（CASEL，2020）。根据劳拉·德里桑娜（Laura Delizonna，2017）在《哈佛商业评论》上发表的一篇文章，心理安全感“让人敢于适度冒险、直言不讳、富有创造力以及勇于表达观点而不用担心因此受罚”，它是组织内部建立信任和取得成功的关键。有个能让学习者感到安心的学习环境，他们才敢于承担学习过程中必要的冒险。

对社交排斥的恐惧会让我们无法进行创造性表达（Kelley & Kelley，2013）。比如，当学校老师正在专业发展会议上讨论采用新方法来进行写作评估时，如果我们在这种社会环境下缺乏心理安全感，那么冒险采取有创意的举措、提出新颖的写作教学方法，就会令人望而却步。如果我们感到大家倾向于群体思维，或者他们会不尊重、不重视我们的想法，我们也几乎不可能勇敢地提出自己未经证实的、易受抨击的新颖想法。

正如我们在第二章中所讨论过的那样，在承担创意风险时，重新建构消极的自我对话是避免自我破坏（self-sabotaging）[①] 行为的重要

---

① 自我破坏，指的是人的一部分个性与另一部分个性发生冲突。换句话说，在实现目标、建立关系或迈向成功时，人们无意识地采取了某些阻碍自己进步的行为或思维方式，从而导致了失败的发生。——译者注

一步。无论我们是设计一个全新的以雏鸡为主题的跨学科单元，还是学习水彩画，让内心独白更加正面积极，会使我们的创意旅程更为愉快，并因此更可持续。这同样适用于我们在社会环境中的创造性实践。为了提高课堂和学校的创造力，我们需要加强心理安全环境的建设。心理安全在很大程度上来自我们使用的语言。语言既体现了价值，也将价值具体化。正如汤姆·凯利和戴维·凯利（Kelley & Kelley，2013）所言："语言是思想的结晶……要改变态度和行为，首先要改变用语。"

在需要集思广益、群策群力、努力付出的场合，譬如于年初集体规划学校目标、在合作团队中制订共同计划和学习目标，以及为班内合作定下基调，有一些关键性的话语会在创意还未萌芽时就将其扼杀，而另一些话语却能让集体的创意之火烧得更旺。表 5.1 列出了创造力扼杀话语和激发话语的例子（改编自 Kelley & Kelley，2013）。

表5.1　扼杀与激发创造力的话语

扼杀创造力的话语	激发创造力的话语
• 我们总是这样做！ • 这样做行不通！ • 我们已经试过了，但没用。 • 这不是个好主意。 • 我不能这么做。 • 他们不可能做到这一点！ • 没有人会那样做。 • 不。 • 我一点都不喜欢这个想法！	• 这是个新想法，继续说！ • 这个新想法可以帮我们做什么？ • 为什么？为什么？为什么？ • 如果……我就能…… • 我可以补充些什么，让它变得更好？ • 我们……如何？ • 如果……会不会很酷？ • 对！ • 我喜欢……（积极反馈） • 我希望……（建设性反馈）

对他人的评判的恐惧，可能真的有碍于我们与他人分享任何创造性的想法和思路。归根结底，与其为了逃避评判而缩手缩脚（staying small），不如敢于回顾自己希望分享的信息并果断与人分享。正如汤姆·凯利和戴维·凯利（Kelley & Kelley, 2013）所说的："你想多了。如果你发挥天生的创造力，你就有机会变得与众不同。"切勿缩手缩脚。拿出你的勇气。尽管你害怕受人评判，但还是要让大家听到你的声音。你的想法可能会对你的学校或社区的生态产生巨大的影响并带来创新。

认为条件不足

当你认为条件不足时，创造力也可能受到压制。如果你认为自己不具备成功所必需的资源，你自然就不会想到任何创意，而这种认知可能会助长拖延症，甚至会让你彻底逃避任务（Jarvis，2019）。我们讲过，时间是一种资源，而金钱也可能被认为是创造力发展的绊脚石。

作为教师，尽管在我们的职业和个人生活中，使用高品质、高成本的材料和工具会让我们得心应手，但通常仅凭自身的智慧，我们也能激发出创造力。匪夷所思的是，科姆斯托克（Comstock）发现，受到限制有时反而能拓展我们的创造力，事实上，它们还能激发创造力。尽管时间紧张、资金有限，许多教师仍和学生一起完成了一些令人难以置信的工作。汤姆·凯利和戴维·凯利强调说："不要让资源匮乏阻碍你的发展，你要利用这些限制发挥你的创造性，并用最少量的时间和最少量的金钱想出问题的解决方案。"例如，使用智能手机而不是最先进的相机，照样可以拍出美丽而富有意义的照片。此外，我还认识一些教师，他们在艺术课堂上教学生用回收材料制作针孔相机来拍照。成本不应成为表现我们的创造力的障碍。我们只需要提醒自己跳出常规思维，想一想：在条件有限的前提下，我能做什么？

作为教师，有很多原因阻碍了我们在生活中探索创新，寓教于乐。而事实上，那些在体内从未得到释放的创造力，往往是引起我们不安与不满的催化剂。每个人都能发挥创造力，创造力不是一种天赋才能，而是一种行为实践。作为教师，我们完全可以依靠自己的热情和兴趣，在生活中取得更多的成就，获得更多的快乐。

如何激发你的真实自我

在教育中，创造力是学生为未来做准备的必备能力，同时也是构成教师个体健康和幸福的一个基本要素。正如你所了解的那样，对一个成年人来说，游戏、创新和创造力并不总是容易获得，其中的原因有很多。在这一小节中，你将探讨如何培养创造性思维，以及如何通过创造性实践来充分发挥作为教师的创造力，从而不仅惠及学生，也在职业角度和个人层面为教师自身带来积极影响。

培养创造性思维

你在游戏和创造力方面的思维方式至关重要。在挖掘自身的创造力时，你可能对自己的局限性和能力会有先入为主的观念。为帮助你塑造富有创造力和目标导向的思维方式，本书建议采纳如下策略：实施好奇心评估，保持开放型认知，挑战内在的完美主义倾向，运用简单话术规避创造性自我设限，接纳“万物皆可混搭”（everything is a remix）的创作哲学。每一项策略都配有一个实战练习，使你能以切实可行的方式促进创造力的发展。

好奇心测试

这个练习可以帮助你梳理一些会在个人生活和职业生涯中引发好奇心的常见主题。就某些突出的主题或奇人异事，可以采用更加刨根问底式的探究方式，从而带来更多的乐趣（详见第 185 页的“好奇心测试样卷”）。

常见主题：仔细检查你的音乐、书籍、杂志、照片、壁挂饰品、旅行经历、室内装饰和物理环境。其中哪些主题会反复出现？

比如，也许你在听过的音乐、读过的书、墙上的照片以及旅行过的地方看到了一个反复出现的海洋主题。那么，你怎样才能把你对海洋的爱带到你的教学和个人生活中去？

开阔的还是受限的：当谈到是否决定追逐某种好奇心时，作家兼播客主持人玛丽·福里奥（Marie Forleo）解释了在深入体会某事时，判断自己的感受是开阔还是受限非常重要。许多决定都是我们凭直觉做出的。受限的想法往往会让我们感到紧张、担忧，缺乏创造性灵感；我们一般不应该去追求它们。当我们感到开阔时，我们会接纳新的可能性，感到乐观且更有创造力——这些都是直觉性的标志，可以鼓励我们探索新的奇妙世界。当你想到自己的创造性努力时，你是感到开阔还是感到受限？

举个例子，虽然我可能喜欢在教室里教学生写作，但一想到要参加为期三天的语法封闭进修，我就感到很受限。或许我会继续保持我的热情，通过其他途径培养学生对写作的热爱，比如参加一些由我最喜欢的童书作家举办的令人鼓舞的网络研讨会（这种研讨会更开阔、更有启发性）。你的深入研究可能会启发你和学生共同将语文课程开发为一个引人入胜的历史小说单元，或甚至想亲自尝试创作一篇历史短篇小说。

言行一致：我们的兴趣与好奇心，往往会在个人生活和职业生涯中涌现出来。你和朋友、家人、学生以及家长通常聊些什么？你是否对某个特定话题了若指掌？

比如，每到午餐休息时间，你都会和同事坐下来讨论本周选择阅读的书。通常，你选的是历史小说，你的朋友也一样。由于在这个题材上有着共同的爱好，你俩决定在接下去的一年里，一起研读二十本评价最高的历史小说。

“太好啦，我们还可以……”即兴游戏

在头脑风暴过程中，尤其是在团队会议、员工会议和课堂上，人们很难从一开始就不加评判地接受所有的答案。有趣的是，有些最荒谬的想法反而能催生或激发现实可行的或具有创意的解决方案。不过，恐惧感经常会让这些拥有古怪想法的人沉默不语——人们往往害怕受到批判或嘲笑。而这种基于搭档关系的活动可以让创造力自由流淌（同时带来欢笑）。

运用“太好啦，我们还可以……”游戏的目的，就是在团队的语境中鼓励不评判、不受限的发散思维。如果一个团队要为学校开展一些统揽全局的头脑风暴，这种练习就会特别有用。在专业发展日或团队建设日，你可以用以下七步练习作为热身环节：

1. 确定搭档。

2. 搭档A给出活动建议，并用词组“我们一起……”做开头（例如：“我们一起画条船吧。”）

3. 搭档B回应说：“太好啦，我们还可以……”对搭档A的建议进行补充（例如：“太好啦，我们还可以用蓝色的画笔。”）

4. 接下去每一次都用“太好啦，我们还可以……”作为开头。

5. 这样进行五到十轮后，结束游戏。

6. 互换搭档，重复游戏。

7. 通过回答以下问题，分享关于本次活动的认识、评论和存在的问题：你学到了什么？哪些方面比较简单？你有什么困难吗？

“完成比完美好”挑战

在发挥创造力方面，我学到的最有用的格言之一是谢丽尔·桑德伯格的那句话：“完成比完美好。”（Groth，2013）乍一看，这句箴言似乎是在鼓励平庸的工作，但我向你保证，事实并非如此。

我刚开始做播客时，为了对节目的背景做个概括，创作了一段20秒的引人入胜的介绍。面对精心撰写节目介绍这一重大任务，我感到茫然无措。要是我一直怀抱着这项任务非常重要的严肃心态，我几乎可以肯定，我永远写不出这段介绍，也永远完成不了我的第一次播客采访。于是，孩子们上床睡觉后，我坐下来开始写，心里一直记着我的听众和我做播客的目的。前三稿乱七八糟，很不完美，尤其是不够有说服力。我做了修改，然后分享给一些信得过的朋友，之后又几经易稿。最后，它终于成了我想要的样子。我录好并发布了这个预告片。

世间不存在完美。无论你是写成绩单评语、编写家校通讯、绘画还是拍照，如果你不迈出第一步，你将永远无法完成你的工作。如果你执迷于事情的完美，毫无疑问，你将无法实现完美，也将无法完成任务。有时候，你只需要告诉自己：“完成比完美好。”以下创意实践也许并不带来经济或社交上的成效，但创造、致力于自我表达并与他人分享作品的做法，却是潜心创作的一个重要方面。做得越多，收获越大！

- 挑选五句你喜欢的与教育、艺术、心理学或任何好奇心领域相关的名言。
- 用类似 Canvas[①] 那样的图文程序，为每句名言创建图形。记住

① Canvas 是一款简单易用的在线图形设计工具，适用于制作海报、简报、社交媒体图文等多种视觉内容。——译者注

每句话的作者，不要弄错。设计图形的时间不要超过5分钟。提醒自己：完成总比完美好！

·连续五天，每天发布五个名言图形中的一个，并围绕主题进行即兴评论。给自己规定一个严格的任务时限（5~15分钟），这样你就不会让自己深陷于完美模式。提醒自己：完成总比完美好！

你可以通过下列提示问题来做出有意义的评论。

·你脑袋里有没有闪过一个有意义的个人故事来证实这句名言？

·这句名言是否唤起了你的某种主导情绪？具体是什么情绪？这种情绪又如何与当前的社会政治环境相关联？

·这句名言让你想起了谁？你有没有可以分享的故事？

·这句名言如何帮助你或你身边的人发挥更大的潜力，获得清晰的认识，或者变得更加平和？

一旦你检查了基本拼写、习惯搭配及打字错误，并且对帖子感到满意（记住，你永远不会百分之百满意），就发到社交媒体上去。如果你因为用自己的真实身份发布这些陌生的内容而感到局促不安，那么就在社交媒体上创建一个化名账号，然后发布到该账号。记住：完成总比完美好。

五天之后，对你的创作和分享进行反思。不要沾沾自喜于社交媒体上的点赞。你得到或者没有得到的外在认可并不能衡量你的价值。你这样做，是为了在面对创造力实践所带来的苦恼时保持心平气和。

为期五天的每日一拍挑战

马赫穆迪－沙赫雷巴基（Mahmoodi-Shahrebabaki，2016）指出，教育领域中的许多人都是彻头彻尾（full-fledged）的完美主义者或者是觉醒中的完美主义者，这意味着我们对自己的工作，对那些小细节感到非常自豪，并对自己（和他人）抱有极高的期待。不管我们是填写成绩单，酝酿一份新的寒假家长礼物，设计一个关于原住民权利的全新的社会正义探究单元，还是计划与家长的面谈，当我们的能力或任务未能实现我们的愿景时，我们就会很容易陷入自责。试问：你是否有很多次备了一节课，结果一走进课堂就失败了？这种现象司空见惯。就像许多艺术家一样，教师对自己都有着很高的期望。

在尝试新事物时，我们一定要坚持这样一种认识，即我们会把事情越做越好，但在第一次尝试时，必须对自己有耐心。成功从来不会在一夜之间发生，必须水滴石穿。要让大脑专注于重要的事情。我在教小学生艺术时，总是说："艺术没有对错！"每一次创造性的尝试，都是在积累经验，提升价值。

正如安妮·拉莫特（Lamott，1995）在她的《关于写作：一只鸟接着一只鸟》一书中所说：

所有优秀的作家都会写出（糟糕的初稿）……很少有作家真正知道他们在做什么，直到他们完成作品。他们在动笔时不会感到兴奋，只觉得缺乏新鲜感；更不会在输入几句生硬的开场白后，就能进入像哈士奇在雪地上撒欢那样充满活力的写作状态。

我们必须愿意光荣地接受失败，接受我们在创造力方面糟糕的初次尝试，并且明白在一段时间内，我们的品位（和期望）将超越我们最初的能力。

根据扬格（Younger，2019）的说法，为期五天的每日一拍挑战旨在让你用眼睛去发现并体验日常时刻中的艺术。创造力能让你以一种更感性的视角去看待这个世界，而这项活动的目的正是让你摆脱头脑中的想法，投入感官体验中。这项活动的另一个关键是暂停自我评判，接受创造力尝试（哪怕是糟糕的初次尝试）。在完成这项活动的前一晚，将智能手机或相机放在床边，使用"为期五天的每日一拍挑战样板"（见第 187 页）作为指南。

30 个圆圈练习

原创是不切实际的。对大多数与教育相关的创新探索而言，追求任务的真实性更加重要。我们的大多数想法都是现存想法和自身视角交叉融合的结果。换句话说，我们遇到的大多数想法都是对既定概念的重新混合。在教育领域，这种交叉融合的方法能带来很多好处，既能为我们提供新颖的教学方法，也能维护我们的职业操守。

30 个圆圈练习改编自汤姆·凯利和戴维·凯利的《创新自信力》一书，该练习需要你在一张常规大小的纸上画 30 个空白圆圈，然后用你的发散思维在 3 分钟内把这些圆圈变成熟悉的物体。该游戏能帮助你跳出思维定式（在本例中是圆圈），锻炼你的创造力。这个三步练习既可以独立完成，也可以与搭档一起完成，甚至可以在大团队中共同完成。这个游戏既适用于学生，也适用于成人，非常适合用于专业发展中的团队建设和创意热身活动：

1. 给每个人一张纸，纸上预先画好或印好 30 个圆圈。

2. 要求每一位参与者在 3 分钟内，用铅笔或钢笔把这些圆圈变成日常熟悉的物体，比如篮球、鱼缸、棒球、靶心、闹钟等，能变多少就变多少。

3. 3 分钟结束时，评比一下结果。多少个圆圈被画满了？画得如何？有多少是物体的真实再现（球）？有多少是发散的、有创意的呈现（帽子、行星、饼干等）？有多少人跳出了规则的束缚，把圆圈连接起来或把圆圈变得无法识别？

改变日常事物的用途，重新塑造日常事物的外观（在本例中是圆圈），可以让你尝试用不同的视角看待世界，从而拓展发散思维的能力。此外，这个练习也能让你的新思路变得更加流畅。对旨在解决职业发展问题的会议而言，这一定是个绝佳的开场活动。

提高创意活动的实践性

仅仅有很强的创造性思维是无法让你发挥自己的创造力的。日常的训练和实践能强化你的愿景，并让你更愿意去创造。在培养创造力的方式方法上，你必须持之以恒，因为这个过程需要自律和坚持（Jarvis，2019）。在本节中，你将探索把创造力与生活相结合的常见方法：让大脑放空，给自己休息的时间，尝试全新的体验以拓宽你的视野，寻找寓教于乐的机会，将自己投入创造计划之中，为自己制订一个创造性的日程安排，以及与支持和鼓励你的人相伴，因为只有他们重视你所承担的风险，并愿意与你一起分享你的历程。

让大脑放空的活动

走神（mind-wandering）类似于白日梦，会让你的大脑处于无序、失焦的状态，从一个话题跳到另一个话题，从而激发发散思维，让大脑在确定采用哪一种方法和途径之前，探索无数种不同的可能性（Grant，2016）。你是否有过这样的经历：从家里开车去杂货店，到了以后才意识到，这一路上，自己的心思似乎不在驾驶上，而是在周围的环境刺激和平时生活的推动下，游走于各种思绪之间？如果有，那你一定经历过走神。当我们过于专注某个目标时，我们反而会屏蔽发散思维的能力（Grant，2016）。选择低专注度的活动是让大脑放空的关键（Grant，2016）。假设我们正在处理某个特定的问题，不妨将这个问题以提问的形式表达出来，这样更有助于解决问题。比如，倘若你在数学课上很难让学生参与进来，不妨问问自己：“在数学课堂上，我该如何通过实操教学，吸引学生更有效地参与课堂活动？”当你放空大脑、信马由缰时，给自己一个潜意识的焦点，这样可以带来一些有趣的解决方案。

以下是一些让大脑放空的简易方法：

- 淋浴
- 散步
- 腾空洗碗机
- 伸展身体
- 涂指甲
- 打扫房间
- 做重复性活动（如编织、绣花、涂色、园艺）
- 做简单的数据录入
- 在信封上写地址
- 整理文件
- 打包午餐
- 把洗好的衣服折叠好
- 修剪草坪

挑战新体验

为了提升在专业方面和个人方面的创造力，你可以通过两步挑战，走出舒适的日常生活，去迎接新体验所带来的兴奋感、不适感和学习机会。

1. 独自一人或与同事一起，选择一项你从未参加过的活动或体验，并承诺在下个月内接受这种新体验（在班级里，可能需要留出额外的时间进行预订和安排）。

以下是你可能想要尝试的新奇体验：

- 上陶艺课。
- 尝试新食谱。
- 上水彩课。
- 创建一个网站。
- 在当地大学选修一门与教育无关的继续教育课程。

• 倾听一场关于你所陌生的话题的演讲。

• 上烹饪课。

• 在当地书店参加一场新书发布会。

• 参加一堂蛋糕裱花课程。

• 加入读书俱乐部。

• 开始一个新的健身项目（如尊巴舞课程、举重、瑜伽）。

• 在救济食堂做志愿者。

• 换一条新的上班路线。

• 和另一名老师换一天课。

• 思考一些话题，打开语音备忘录，记录你的反思并回放。

• 采访一位你尊敬的人，询问他在哪方面有特长（即使在制订问题的过程中，也要发挥创造力）。

• 在周六晚上换一些调料放入意大利面里。

• 写一首歌。

• 学习一项新运动。

• 写一首诗。

• 写日记。

• 采用素描笔记进行记录。这是一种具有创意的视觉笔记风格，主要依赖于手绘的图形文本、图标和简单的图像。

• 学习折纸。

• 学会制作友情手链。

• 在视频网站上发布一条解说视频。

• 学会一种新的电子游戏。

• 学会使用一个新的应用程序。

• 参观博物馆。

• 去看一部你通常不会选择的类型的电影（留意你从这类电影中

获得的新知识或见解）。

• 去看一场音乐表演。

• 和一位你从未真正交谈过的同事聊聊。

• 在纸上随便画一些圆圈，然后找出可识别的形状。

• 学会一种新的数学或读写教学方法。

• 参加一个面向你所教年龄段以外年龄段的专业发展研讨会。

• 挑战自己，准备下个月进行每日涂鸦。

2. 在体验过上述某个活动之后（无论是为期六周的陶艺课程，还是一场死亡金属音乐会），不妨问自己一些问题，并用日志或手机记录下来，以便让自己博采众长。

• 有了这段经历后，我将如何以一种新的方式去思考教育工作？

• 我将如何把这段经历的过程和方法应用到我的课堂上？

• 这段经历是如何让我用不同的视角去看待我的学生、学校和同事的？

• 不管是在专业方面还是个人方面，有哪些难以解决的问题是这段经历可以帮我解决的？

• 在这段经历中，有哪些事情让我感到不舒服？我如何将这一点与我的学生学习新事物的体验联系起来？我要如何让他们的体验变得更有参与感、更加有趣、更加令人愉悦？

• 我从这段经历中学到了什么既让我改变对技术、体验或社群的已有看法，又可以运用到教育或生活中去的东西？

• 我会用什么样的方式将这个挑战融入我的生活，从而定期经常提醒自己打破现状？

“评价我的一天”活动

休闲和娱乐可以让你的生活充满创意和发散思维，因为你并没有主动按照线性思维模式来思考或处理事务（Seppälä，2017）。娱乐活动也会以积极的方式改善你的情绪。北卡罗来纳大学教授兼心理学研究员芭芭拉·弗雷德里克森（Barbara Fredrickson，2013）发现，当你体验到积极情绪时，你能更好地专注于某项任务，你的视野也会更开阔。开阔的视野会让你形成一些创意，而这些创意是无法通过线性思维产生的。反过来说，拒绝给自己娱乐的机会，会对幸福感和健康的人际关系造成不利影响。正如美国国家游戏研究所（National Institute for Play，简称 NIFP）所长斯图尔特·布朗（Stuart Brown）所说："当一个原本能干的成年人被剥夺了主要的娱乐权，你会发现他相处起来不再有趣……你会看到工作中的执着和快乐开始日益减少，日子变得更加辛苦。"你需要像孩子一样对待生活，问问自己："是什么让我充满了孩子般的快乐、敬畏和幸福？"然后，去做更多这样的事情（Fredrickson，2013）。

"评价我的一天"活动由五步骤组成，其目的是帮助你了解与娱乐、趣味相关的日常生活习惯，这种娱乐和趣味，是点燃创造力之火的一个重要方面（Kelley & Kelley，2013）：

1. 连续 1~2 周，在每晚上床睡觉之前，花点时间反思这一天的所作所为。

2. 把你的反思记录在日志或手机里，并花点时间从趣味的角度给这一天的活动打分。分值范围为 0~10，你会给这天的开心程度打几分？

3. 每天记录那些让你整体感觉有趣的活动以及那些对你来说无趣的事情。

4. 经过 1~2 周的观察后，注意那些让你感到幸福、快乐和开心的活动形式。

5. 承诺自己会积极地将更多快乐和趣味的活动融入每天的生活中，特别是在你感到不堪重负的时候。

寻找一个理想的创造力支持网络系统

就自我表达的舒适状态而言，归属感和心理安全感是最重要的（Brown，2013）。要想继续致力于个人的创造性努力，就应该和那些支持你追求创新、充分表达自我的人并肩前行，同那些带着好奇心和敬畏感探索这个世界的人结交，与那些敬佩你为自己书写全新人生篇章的人为伍。在佩特里格利里（Petriglieri，2018）看来，在我们这个高度连接、全球化的世界里，找到志同道合的人从未如此简单。有时，他们会是和你一起工作的同事或朋友。然而，正如伯吉斯（Burgess，2012）所言，与你共事的人、你的家人或与你有社会联系的人往往都不适合与你一起构建创造力网络。选择那些选择你的人。不要觉得你需要妥协，不要把自己扭成面包结的样子，不要努力向那些不理解你的人做解释——他们并不明白你为什么要上一门新课，不明白你为什么要用新的方法去讲解新的课程。

有时候，家人和朋友也许不会像你那样投入，或者可能不理解你所承担的创意风险（Burgess，2012）。因此，你可能不得不另辟蹊径，寻找在创造力方面给予你支持的人。在你尝试自我表达时，谋求责任、归属感和友情是扩展社交圈的绝好办法。虽然找到无条件支持和爱你的人至关重要，但你的创造力支持网络应该由那些关心你正在从事的工作、积极参与你的创作过程并对你的创造力有所投入的人组成；也就是说，他们自身也是创造力实践的一部分。根据佩特里格利里（Petriglieri，2018）的研究，以下是支持网络所应具备的几个关键要素：

- 能给予你支持的强大团队文化，为你提供勇气和安慰。
- 学习优先于绩效。

• 允许思想交流碰撞，拥有不同能力的成员可以分享经验，也可以进行质疑。

有很多有趣、简单且有效的方法，可以帮助你构建一个创造力支持网络（参见图 5.1 中的示例）。

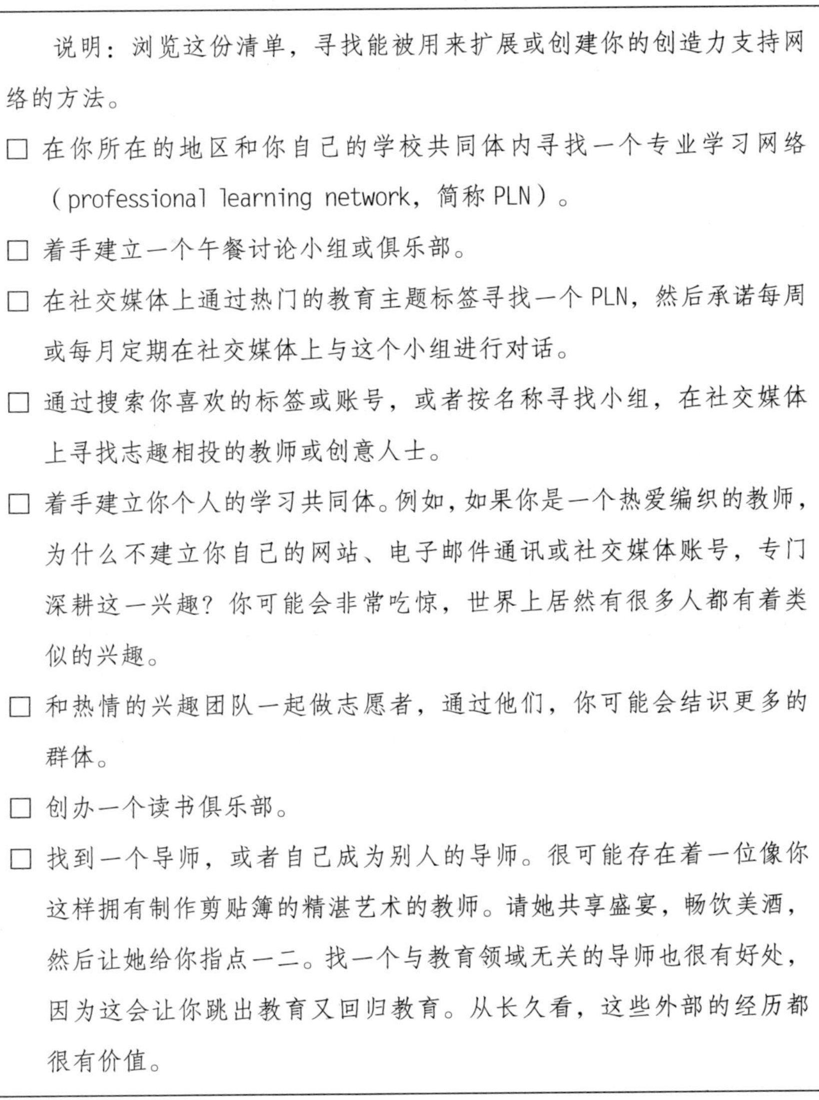

说明：浏览这份清单，寻找能被用来扩展或创建你的创造力支持网络的方法。

- □ 在你所在的地区和你自己的学校共同体内寻找一个专业学习网络（professional learning network，简称 PLN）。
- □ 着手建立一个午餐讨论小组或俱乐部。
- □ 在社交媒体上通过热门的教育主题标签寻找一个 PLN，然后承诺每周或每月定期在社交媒体上与这个小组进行对话。
- □ 通过搜索你喜欢的标签或账号，或者按名称寻找小组，在社交媒体上寻找志趣相投的教师或创意人士。
- □ 着手建立你个人的学习共同体。例如，如果你是一个热爱编织的教师，为什么不建立你自己的网站、电子邮件通讯或社交媒体账号，专门深耕这一兴趣？你可能会非常吃惊，世界上居然有很多人都有着类似的兴趣。
- □ 和热情的兴趣团队一起做志愿者，通过他们，你可能会结识更多的群体。
- □ 创办一个读书俱乐部。
- □ 找到一个导师，或者自己成为别人的导师。很可能存在着一位像你这样拥有制作剪贴簿的精湛艺术的教师。请她共享盛宴，畅饮美酒，然后让她给你指点一二。找一个与教育领域无关的导师也很有好处，因为这会让你跳出教育又回归教育。从长久看，这些外部的经历都很有价值。

图5.1　寻找理想的创造力支持网络的思路

本章小结

许多人，尤其是教育界的人，常常削弱、低估了自己的创造力。事实上，我们都有能力进行创造性的自我表达；然而，完美主义、不切实际的期望以及对失败的恐惧，都使得我们中的许多人停滞不前，无法体验到获得创造力的真正魔力。当我们像锻炼肌肉一样培养我们的创造力时，我们会更容易获得创造力和发散性思维。这将有助于我们解决问题，更全心全意地与世界互动，并在整体上感受到更多快乐。

没有什么能使我们免于创意失败。事实上，正是反复完善的过程教会了我们什么是创造力的复原性，并允许我们去探索新的路径以体验我们身边的世界。许多人成年后丧失了创造性表达的能力，这是因为他们害怕失败，害怕被嘲讽。就像锻炼肌肉一样，我们可以训练自己恢复创造性自我表达的能力，从而全身心地过上一种更有表现力的生活。

在本章中，我们探讨了影响心流的具体方法，研究了学校中创造力的价值（特别是对教师而言），介绍了完美主义、拖延症等创造力障碍的有关知识，强调了与他人分享自身创造性工作的重要性。我希望你能勇敢地发挥你的创造潜能，让自己有能力以一种全新的、更广阔的方式去探索周围的世界。

好奇心测试样卷

常见主题

从以下项目中，挑选出能全面代表你兴趣的三到五个项目：

• 杂志

• 书籍

• 音乐流派

• 服装款式

• 装饰灵感

• 旅游经历

• 业余爱好

• 重大事件

• 艺术

• 娱乐或电影

根据你选择的项目，列出五个词。这些词能反映你所感兴趣的一般主题（如冲浪、户外、海滩、志愿服务、乡村生活）。

是开阔的还是受限的

从你的个人生活出发，继续探索这五个主题。从职业和个人角度看，你会有什么样的感受？重新将这五个词列出来，看看当你深入探索这种兴趣时，你的感觉是开阔还是受限（用 1~5 分打分）。

______________________受限 1　2　3　4　5　开阔

______________________受限 1　2　3　4　5　开阔

______________________受限 1　2　3　4　5　开阔

______________________受限 1　2　3　4　5　开阔

______________________受限 1　2　3　4　5　开阔

言行一致

花点时间思考以下问题：

- 在你看来，最让你感到心胸开阔的两种爱好是什么？
- 你对这两种爱好感到惊讶吗？
- 你在生活中的哪些行为可以反映出这些爱好？
- 你经常在学校以及个人生活中谈论这些话题吗？
- 这些话题在哪些方面互相关联或有所差异？
- 为了培养你的兴趣，你还能做些什么？

____

____

____

____

为期五天的每日一拍挑战样板

天数	任务描述	反思
1	1. 早上醒来后，立即用智能手机或相机将你躺在床上时注意到的重要或生动的事物拍下来。 2. 在床上坐起来时，再拍一张照片。 3. 分别在浴室里、在吃早餐时以及出门的那一刻，拍一张照片。 4. 早晨出门之前，至少拍摄 4~5 张照片。	你捕捉到了什么？ 你注意到了什么？ 你对什么感到好奇？ 你第一次用不同的角度看到了什么？
2	1. 到了晚上，重复上述任务。 2. 在准备上床睡觉期间，拍一张照片。 3. 坐在床上时，拍一张照片。 4. 躺下睡觉时，拍一张照片。 5. 至少拍 4~5 张照片。	你捕捉到了什么？ 你注意到了什么？ 你对什么感到好奇？ 早晚之间，有什么明显的区别？
3	1. 拍几张工作日的照片。 2. 拍一些你使用的工具（键盘、笔、白板、便利贴、学生作业）的微距照片（近距离图片）。 3. 将镜头拉远，针对你的行动轨迹拍几张照片（学校校园、餐厅的全景照片）。 4. 选出 4~5 张能代表你一天生活的照片。	你捕捉到了什么？ 你注意到了什么？ 你对什么感到好奇？ 抓拍工作日照片这件事如何对你的工作产生影响？ 对你来说，哪些小细节成了你新的观察结果？

（续表）

天数	任务描述	反思
4	1. 当你注意力分散想用手机时（比如在公交车上、准备晚餐时、孩子们争吵时、晚上你看电视节目时），就拍照。 2. 选出4~5张拍得比较出色的照片。	你捕捉到了什么？ 你注意到了什么？ 你对什么感到好奇？ 哪些东西使你印象深刻？
5	1. 查看或打印前4天拍摄的照片。截至目前，你应该积累了16~20张照片。 2. 把这些照片一张张贴在桌上、墙上或者白板上。	你第一次用不同的角度看到了什么？ 这反映了怎样的周遭环境和生活经历？ 这段经历对你来说最突出的一点是什么？ 这段经历如何改变你对生活中那些看似平凡的时刻的看法？ 你将如何在课堂上或在与同事交往过程中运用这项活动，以更好地接受“糟糕的首次尝试”这一心态？

第六章

重新点燃：设计个人路线，走出倦怠，点燃自己

我们此生的使命，不在于将自己塑造成想象中的理想模样，而在于发现真实的自我，并全然活出这份本真。

——韦恩·戴尔

这本书有两个目的：第一，探究与充满激情的生活和教育相关的研究成果、现实生活中的故事和场景，以及那些可行的策略。第二，揭示教师获得成功和发展的路线。你已经读完了这本书并完成了相关活动，那么现在呢？好了，现在，我亲爱的朋友们，是时候启用重燃热情的个人路线了，把这一切都连接起来。

以下五条独立的主题路线旨在帮助你打造持久的习惯和开展有意义的实践，从而重新点燃你在课堂上的热情，这些路线与前述反思、重塑、重新聚焦、重建关系和展现自我等内容相对应。

虽然你可以不必按照顺序去一个个探索这些主题，但按照这五个主题的顺序逐步推进，能让你通过本书进一步发展已有的见解、成果及目标。你可以在放学后，在周末，或者在暑假、寒假期间，安安静静地反思，独自探索这五个主题中的每一个。不过，在专业发展研讨会、学校读书俱乐部对话或教育网络交流等情境中，和同事一起对正念、自我关怀、目标设定、关系建构以及创造力进行反思，能带来巨大的附加价值。无论你决定用什么方法开启重新点燃热情的路线，一定要与他人分享你的学习成果。独立学习是给自己的一份美好馈赠，而与他人分享你的学习和见解则会带来深刻且不可估量的积极影响。

本章包括以下路线：

- 我的反思路线
- 我的重塑路线
- 我的重新聚焦路线
- 我的重建关系路线
- 我的展现自我路线

我的反思路线

当教师习惯于带着抑郁情绪继续工作，或者当他们对这种情绪麻木不仁时，他们就很难意识到自身在课堂内外所经历的困境。想要重新点燃内心的热情之火，教师第一步要做的是进行真诚的自我反思、自我关怀和真正的自我关爱。

花点时间浏览一下第一章中图 1.1 所示的诊断清单，看看你身上是否存在倦怠的迹象。如果你发现自己在许多选项框上都做了勾选，这可能意味着你需要重新考虑生活中的一些习惯、常规活动和处事方式。思考以下六个问题和提示，以此反思你的内在需求、触发因素、反应和正念：

1. 如果要你对自己的情感需求（确定性、多样性、重要性、归属感、成长、贡献）进行排序，那么最重要的三个需求分别是什么？

A. ______________________________

B. ______________________________

C. ______________________________

2. 你会采取哪些积极的和消极的方式来满足自己的情感需求，尤其是当你处于压力之下的时候？比如，如果你觉得确定性很重要，你可能倾向于一大早就开始紧张地工作；在充满不确定性的情况下，你也许会为每一种可能出现的情况做好充分准备。填写表 6.1。

表6.1 满足情感需求的方式

情感需求	满足情感需求的积极方式	满足情感需求的消极方式
A.		
B.		
C.		

3. 想想看，你什么时候感到紧张焦虑或不知所措？用几句话描述一下这种情况。

你是如何应对自己的压力、他人造成的压力以及通过行动做出反应的？当你感到压力或情绪被触发时，你会倾向于进入反击、逃避还是不知所措的状态？比如说，你是想要奋起抗争（反击），躲到你最喜欢的书或节目的世界中（逃避），还是不知道怎么做决定（不知所措）？写下你对这些问题的最初回答。

4. 想想看，最常导致你深感压力和不堪重负的触发因素有哪些？如果我们能够识别并说出这些触发模式，我们就容易预测和消解其影响。

A. 当你有压力时，最困扰你的往往是什么？比如，当学校的各种压力源让你不堪重负时，孩子们的抱怨会显得格外刺耳。

B. 你有什么办法可以预测或消解这些压力源，从而使之变得不那么令人措手不及，或者更容易管控？

填写表 6.2。

表6.2 触发因素与预期行为

触发因素	预期行为

5. 当你感觉自己的情绪受到触发时，有哪三件事能让你感觉好点？

6. 反思是一种实践。在下面的日志中，选择并记录第一章中的某种策略——培养正念意识、善待自己以及认同人的共通性。使用日志来记录并归档每天练习的进展。每天检查，确保策略已实施完毕。一周结束时，就日志中的提示问题开展反思。在本月剩下的日子里，继续实施该策略并再次反思，或者在第二周选择一个新的策略并重复这个过程。填写表 6.3。

表6.3 自我关怀策略日志

周日	周一	周二	周三	周四	周五	周六

日志提示：
1. 这个策略是如何减轻我的整体压抑感的？
2. 哪些方面最有效果？哪些方面不起作用？
3. 我怎样才能将这个策略融入我的日常实践中，从而促进自我反思和自我关怀？

我的重塑路线

营造某个安静的空间，反思以下与重塑和复原力相关的问题。如果有机会，可以通过专业发展或读书俱乐部的讨论，以对话的形式探索这些问题。如果你喜欢，也可以让每个成员在搭档间、小组里乃至整个团队中分享彼此的反思，从而与同事或协作团队建立起人的共通性。虽然这些反思可能因涉及个人的困境而不适合在一个大群体中进行分享，但在圆桌讨论中，其中的许多应对策略和复原力工具一经分享就会产生非常好的效果。

1. 回顾一下，你在生活中是否有过一个你不得不迎难而上的时刻？你是如何克服这个挑战的？

2. 你从中学到了什么？从那以后，你在生活中是如何将你的所学应用到其他同样具有挑战性的环境中的？

3. 别人从哪些方面帮助了你？如果有人也在经历类似的困境，你将如何为他提供支持？

4. 你会如何应对羞耻感？在表6.4中圈出你所偏好的“羞耻盾牌”，这些“盾牌”能保护你免受羞耻经历带来的痛苦；同时，列出当你对某件事感到羞耻时通常会采取的应对方式。

表6.4　羞耻盾牌及应对方式

跟进（迎合）	远离（逃避）	对抗（反击）

5. 反思如下问题，并填写表6.5。

A.“羞耻盾牌”如何在你身上起到了积极作用？

B.“羞耻盾牌”对你或他人造成了怎样的伤害，起到了怎样的消极影响？

C.“羞耻盾牌”对你还有用吗？

表6.5 羞耻盾牌的积极作用/消极影响

“羞耻盾牌”如何对我起到积极作用	“羞耻盾牌”如何对我造成消极影响

6. 我们都对自己抱有限制性信念。你想克服的三个最具挑战性的想法和信念是什么？克服这些负面的看法将如何帮助你重新定义挑战，从而变得更有韧性？克服这些信念如何帮助你实现自己的某些梦想？填写表 6.6。

表6.6 主要限制性信念的识别与消除

我的主要限制性信念	放弃这种信念对我或我所爱的人有什么好处

7. 你遇到过毒性正能量吗？哪些例子可以说明毒性正能量对复原力更多地起到阻碍作用而不是帮助作用？

8. 自我调节能使我们通过减少无用的压力源，提高我们复原力生成的可能性，进而获得对即时情况的更多把控。在五个压力维度（身体、情绪、认知、社会和亲社会）中，说出一个你想要关注的领域，并设定一个目标，在本周内减少该领域中的一个压力源。比如说，你的工作环境混乱不堪，你会设定一个目标，花点时间去清理，从而减少桌子的凌乱给你带来的身体压力源。填写表 6.7。

表6.7　消除压力源的目标设定与反思

压力维度（圈出一个）	1. 身体压力 2. 情绪压力 3. 认知压力 4. 社会压力 5. 亲社会压力
行动目标	本周，我将努力减少由____________带来的____________压力。我知道当我____________时，我就会实现目标
反思（在这个压力领域设定目标是如何从整体上降低我的压力感的？我会继续养成这个习惯吗？为什么或为什么不？）	

我的重新聚焦路线

作为教师，目标的设定是我们重新聚焦于那些真正有意义的事情的一个重要方法。必须定期留出时间评估我们的各种内在欲望和宏伟目标，并且把它们写下来，与我们所爱的人及同事讨论，给予它们发展壮大的机会。在第三章中，有大量针对目标设定的详细活动，这些活动都以行动为导向。为了发挥这条路线的作用，我希望你能以更开阔的思路考虑你的目标，明确你想要走的道路和想要实现的目的。

花点时间思考以下四个问题。为了深入思考，你可以把你的回答记录在日志里，或者与朋友或同事进行讨论：

1. 在你的职业生涯和个人生活中，有哪些最重要的目标？

2. 你将如何实现目标？一般来说，为了实现你想要的目标，你会采取哪些大的举措？

3. 你如何知道自己已经实现了目标？有哪些标志可以说明你已经成功了？

4. 实现目标并挖掘自己的目的感将如何帮助你获得重新被点燃的感觉？

我的重建关系路线

作为教师，当我们想要在职业生涯和个人生活中建立积极的社会关系时，我们会发现，信任、脆弱性、换位思考和认可都会影响我们获得幸福感。想一想：在你的职业生涯和个人生活中有哪些人际关系？在他人面前，你是如何呈现自己的？你的互动风格是如何影响你的沟通和人际关系的？思考以下七个问题（部分或全部），以更深入地了解你在建立关系、发展关系以及展示社会意识上的能力：

1. 在你的职业生涯和个人生活中，谁对你来说最为重要？请说出他们的名字，最多 2~5 人。

2. 你如何培养对你来说最重要的人际关系？

3. 你如何对那些你重视的人表达感恩？

4. 你与他人的沟通方式如何影响你的个人和职业关系？在和你打交道后，大家通常会有怎样的感觉？你自己希望他们会有怎样的感觉？大家对你信任吗？你怎么知道？

5. 你最喜欢通过什么样的方式与学生、家长、行政人员和同事建立融洽的关系？

6. 当谈到与同事、学生、家长、管理者、朋友和家人建立各种关系时，你最感到自豪的是什么？

7. 在本周，借助表 4.3（见第 142 页）中列出的一种或多种方法，记住 2~3 个你不认识的人的名字（学校里的学生、替休产假的同事代课的新老师、当地咖啡店店员，以及你从来都没记过名字的代课老师）。填写表 6.8。

表6.8 记住名字的场景、策略与反思

情况说明	记住名字的策略	反思
比如，我决定记住临时管理员的名字，原先的管理员请假了。她每天都会来我们班，但我还没有机会知道她的名字	拼写	今天我问了临时管理员叫什么名字，得知她叫凯特琳。我请她拼一下，因为这个名字有很多种拼法。整个星期，我都在叫她的名字，这让我们能够在早上进行更深入的交谈。我开始逐渐了解她了

我的展现自我路线

所有人都能获得创造力，尽管许多人在成年后感觉自己与创造力无缘。作为教师，反思我们的创造力实践并关注日常发挥创造力的机遇，是我们在倦怠之后还能重新点燃热情的最后一个重要环节。创造力是一种自我表达，它使我们成为充分发展的人。在独处的时候，在和朋友或同事一起的时候，或者在一个更有组织的读书俱乐部或专业发展研讨会上，探讨以下四个启发性议题与相对应的问题系列，以此深入了解你的创造力：

1. 仔细比较和对照你作为孩童和成人时快乐的创造性活动。将你的回答填入表 6.9。

A. 在你童年的时候，什么样的活动会丰富你的心灵？

B. 现在，什么样的创造性活动能给你带来快乐？

表6.9　童年、成年时期快乐的创造性活动

童年时期快乐的创造性活动	成年时期快乐的创造性活动
例如，给布偶做衣服	例如，为教学搭配色彩协调的服装并将它们发布到网络上

你注意到小时候创造性活动的快乐和成年后创造性活动的快乐有什么相似之处？在创造性表达方面，小时候和成年后有什么不同？

2. 有哪些创造力障碍会阻止你创造性地表达自己？在表6.10中，圈出你遇到的障碍。具体来说，这些障碍是如何在你的生活中表现出来的？

表6.10　创造力障碍及其具体表现

创造力障碍	具体表现
时间碎片	
拖延症	
完美主义	
攀比	
心理不安全的环境	
谨小慎微	
认为条件不足	

你如何通过第五章所强调的那些活动（第 170—183 页）来消除遇到的障碍？选择其中一个活动，描述它是如何帮助你克服障碍并在生活中打开创造力之门的。作为教师，你如何将这种方法应用到教学实践中，从而让学生受益？

3. 你如何着手开展一个全新的创造性活动，或者重新开展一个已有的创造性活动，且这些活动对你而言意义重大？今天，你能采取什么样的行动来实现这一目标？将你的回答填入表 6.11。

表6.11　创造性活动与行动步骤

创造性活动	行动步骤
我想重新开始玩水彩画	本周，我计划购买所有水彩画所需的工具

4. 为本周、本月、本年设定一个创造力目标，看看你如何在短期、中期和长期发挥你的创造力。填写表 6.12。

表6.12 短期、中期、长期的创造力目标

时间框架	创造力目标
短期	本周，我计划……
中期	本月，我计划……
长期	今年，我计划……

结束语

我真诚地希望，作为一名教师，你能为了自己的未来重新审视你的个人目标、你的愿望、你的价值观和你的梦想。当你选择去创造自己的命运时，你就有能力活出一个真正全心投入、充满热情的自我。每个老师都能与学生、同事、朋友和所爱的人分享这份礼物，这是他们所能拥有的最深刻的体验。你可以重新获得热情，甚至让你的热情更加澎湃。你可以从深感倦怠转为重燃热情！让我们携手，通过有意识的行为去产生不可估量的积极改变。

参考文献与资源[①]

Achor, S. (2010). The happiness advantage: The seven principles of positive psychology that fuel success and performance at work. New York: Crown Business.

Ackerman, C. (2021). 28 benefits of gratitude and most significant research findings.

Aguilar, E. (2018). Onward: Cultivating emotional resilience in educators. San Francisco, CA: Jossey-Bass.

Alimujiang, A., Wiensch, A., Boss, J., Fleischer, N. L., Mondul, A. M., McLean, K., et al. (2019). Association between life purpose and mortality among US adults older than 50 years. JAMA Network Open，2(5).

Amabile, T. M., & Kramer, S. J. (2011). The power of small wins.

Ambrose, S. A., Bridges, M. W., DiPietro, M., Lovett, M. C., & Norman, M. K. (2010). How learning works: Seven research-based principles for smart teaching. San Francisco, CA: Jossey-Bass.

American Federation of Teachers. (2017). 2017 educator quality of life survey.

Anderman, E. M., & Anderman, L. H. (2014). Classroom motivation (2nd ed.). Boston: Pearson.

Baker, W. (2014). 5 ways to get better at asking for help.

Barsade, S. G., & Gibson, D. E. (2007). Why does affect matter in organizations? Academy of Management Perspectives，21(1), 36—59.

Bell, R. (2020). Everything is spiritual: Who we are and what we're doing here. New York: St. Martin's.

① 本书参考文献与资源自英文版图书中直接复制，以便读者查阅。

Berns-Zare, I. (2019, June 4). The importance of having a sense of purpose [Blog post]. Psychology Today.

Borba, M. (2017). UnSelfie: Why empathetic kids succeed in our all-about-me world. New York: Touchstone.

Bouskila-Yam, O., & Kluger, A. N. (2011). Strength-based performance appraisal and goal setting. Human Resource Management Review，21(2), 137—147.

Brackett, M. (2019). Permission to feel: Unlocking the power of emotions to help our kids, ourselves, and our society thrive. New York: Celadon Books.

Bratman, G. N., Daily, G. C., Levy, B. J., & Gross, J. J. (2015). The benefits of nature experience: Improved affect and cognition. Landscape and Urban Planning, 138, 41—50.

Breuning, L. G. (2016). Habits of a happy brain: Retrain your brain to boost your serotonin, dopamine, oxytocin, and endorphin levels. Avon, MA: Adams Media.

Brodrick, M. (2019, April 18). The heart and science of kindness [Blog post]. Harvard Health Blog.

Brooks, K. (2013, April 29). Stuck, bored, and unfulfilled at work [Blog post]. Psychology Today.

Brown, B. (2010). The gifts of imperfection: Let go of who you think you're supposed to be and embrace who you are. Center City, MN: Hazelden.

Brown, B. (2012). Daring greatly: How the courage to be vulnerable transforms the way we live, love, parent, and lead. New York: Gotham Books.

Brown, B. (2013, January 14). Shame v. guilt [Blog post]. Brené Brown.

Brown, B. (2015). Rising strong: The reckoning, the rumble, the revolution. New York: Penguin Random House.

Brown, B. (2017). Braving the wilderness: The quest for true belonging and the courage to stand alone. New York: Random House.

Brunsting, N. C., Sreckovic, M. A., & Lane, K. L. (2014). Special education teacher burnout: A synthesis of research from 1979 to 2013. Education and Treatment of Children, 37(4), 681—711.

参考文献与资源

Burgess, D. (2012). Teach like a pirate: Increase student engagement, boost your creativity, and transform your life as an educator. San Diego, CA: Dave Burgess Consulting.

Butler, R. (2012). Striving to connect: Extending an achievement goal approach to teacher motivation to include relational goals for teaching. Journal of Educational Psychology, 104(3), 726—742.

Butler, R., & Shibaz, L. (2014). Striving to connect and striving to learn: Influences of relational and mastery goals for teaching on teacher behaviors and student interest and help seeking. International Journal of Educational Research, 65, 41—53.

Camp, H. (2017). Goal setting as teacher development practice. International Journal of Teaching and Learning in Higher Education，29(1), 61—72.

Capaldi, C. A., Dopko, R. L., & Zelenski, J. M. (2014). The relationship between nature connectedness and happiness: A meta-analysis. Frontiers in Psychology, 5(976).

Caputo, A. (2015). The relationship between gratitude and loneliness: The potential benefits of gratitude for promoting social bonds. Europe's Journal of Psychology, 11(2), 323—334.

Cardaciotto, L., Herbert, J. D., Forman, E. M., Moitra, E., & Farrow, V. (2008). The assessment of present-moment awareness and acceptance: The Philadelphia mindfulness scale. Assessment, 15(2)，204—223.

Carrington, J. (2020). Kids these days: A game plan for (re)connecting with those we teach, lead, and love. San Diego, CA: IMPress.

Carrington, J. (2020, August 22). Bring your brave [Virtual conference presentation]. RELIT! 2020: Bring. Your. Brave.

Cheema, A., & Bagchi, R. (2011). The effect of goal visualization on goal pursuit: Implications for consumers and managers. Journal of Marketing, 75(2), 109—123.

Cherkowski, S., & Walker, K. (2013). Flourishing communities: Re-storying educational leadership using a positive research lens. International Journal of Leadership in Education, 17(2)，200—216.

Chowdhury, M. R. (2020). The science and psychology of goal-setting 101.

Cigna. (2020). Cigna takes action to combat the rise of loneliness and improve mental wellness in America.

Cohen, S., Janicki-Deverts, D., & Miller, G. E. (2007). Psychological stress and disease. Journal of the American Medical Association，298(14), 1685—1687.

Cohut, M. (2018). What are the health benefits of being creative?

Coles, T. B. C. (2021). Compassion fatigue and burnout: History, definitions, and assessment.

Collaborative for Academic, Social, and Emotional Learning. (2012). 2013 CASEL guide: Effective social and emotional learning programs—Preschool and elementary school edition. Chicago, IL: CASEL.

Collaborative for Academic, Social, and Emotional Learning. (2020). SEL is the "Missing Piece" in Education.

Covey, S. R. (2004). The seven habits of highly effective people: Restoring the character ethic (Rev. ed.). New York: Free Press.

Csikszentmihalyi, M. (2004). Flow, the secret to happiness [Video file].

Darling-Hammond, L. (2001). The challenge of staffing our schools. Educational Leadership, 58, 12—17.

Darnon, C., Butera, F., & Harackiewicz, J. (2007). Achievement goals in social interactions: Learning with mastery vs. performance goals. Motivation and Emotion, 31(1), 61—70.

Day, C., & Gu, Q. (2014). Resilient teachers, resilient schools: Building and sustaining quality in testing times. New York: Routledge.

Delizonna, L. (2017). High-performing teams need psychological safety: Here's how to create it.

DiAngelo, R. J. (2018). White fragility: Why it's so hard for white people to talk about racism. Boston: Beacon Press.

Diaz-Varela, A., & Wright, L. H. V. (2019). Play for adults: Play-base approaches in teacher training. Scottish Educational Review, 51(2), 132—136.

Doran, G. T. (1981). There's a S. M. A. R. T. way to write management's goals and objectives. Management Review, 70(11), 35—36. Dowling, T. (2018). Compassion does not fatigue! The Canadian Veterinary Journal (La Revue Veterinaire Canadienne), 59(7), 749—750.

Duan, W., & Guo, P. (2015). Association between virtues and posttraumatic growth: Preliminary evidence from a Chinese community sample after earthquakes. PeerJ, 3, e883.

Dvir, Y., Ford, J., Hill, M., & Frazier, J. (2014). Childhood maltreatment, emotional dysregulation, and psychiatric comorbidities. Harvard Review of Psychiatry, 22(3), 149—161.

Dweck, C. S. (2006). Mindset: The new psychology of success. New York: Random House.

Eisenberger, N. I., & Cole, S. W. (2012). Social neuroscience and health: Neurophysiological mechanisms linking social ties with physical health. Nature Neuroscience, 15(5), 669—674. Accessed at PMID: 22504347 on April 28，2021.

Emmons, R. A., Froh, J., & Rose, R. (2019). Gratitude. In M. W. Gallagher & S. J. Lopez (Eds.), Positive psychological assessment: A handbook of models and measures (pp. 317—332). Washington, DC: American Psychological Association.

Essa, H. (2018). Your name is the key! [Video file].

Farber, N. (2012, April 19). The value of goals [Blog post]. Psychology Today.

Fattal, I. (2018). The value of failing. The Atlantic.

Fink, A. (2013). [Review of the book The progress principle: Using small wins to ignite joy, engagement, and creativity at work by T. Amabile & S. Kramer]. Personnel Psychology, 66(1)，292—294.

Fishman-Weaver, K. (2019). How creating visual art contributes to SEL.

Flatow, I. (2013). The myth of multitasking.

Forgeard, M. J. C. (2015). When, how, and for whom does creativity predict well-being?

Frankl, V. E. (1984). Man's search for meaning: An introduction to logotherapy. New York: Simon & Schuster.

Fredrickson, B. L. (2013). Positive emotions broaden and build. Advances in Experimental Social Psychology, 47, 1—53.

Fredrickson, B. L., Tugade, M. M., Waugh, C. E., & Larkin, G. R. (2003). What good are positive emotions in crises? A prospective study of resilience and emotions following the terrorist attacks on the United State on September 11th，2001. Journal of Personality and Social Psychology, 84(2), 365—376.

Gan, Y. (2020). Happy people live longer and better: Advances in research on subjective well-being. Applied Psychology: Health and Well-Being, 12(1), 3—6.

Garcia, E., & Weiss, E. (2019). U.S. schools struggle to hire and retain teachers.

Garcia-Rill, E., Kezunovic, N., Hyde, J., Simon, C., Beck, P., & Urbano, F. J. (2013). Coherence and frequency in the reticular activating system (RAS). Sleep medicine reviews, 17(3)，227—238.

Gardner, B., Lally, P., & Wardle, J. (2012). Making health habitual: The psychology of "habit-formation" and general practice. British Journal of General Practice, 62(605), 664—666.

Gibbs, S., & Miller, A. (2013). Teachers' resilience and well-being: A role for educational psychology. Teachers and Teaching，20(5), 609—621.

Gilbert, E. (2015). The flight of the hummingbird: The curiosity-driven life [Video file].

Gillespie, C. (2020). What is toxic positivity—and why are experts saying it's dangerous right now?

Godin, S. (2007). The dip: A little book that teaches you when to quit (and when to stick). New York: Portfolio.

Gopnik, A., O'Grady, S., Lucas, C. G., Griffiths, T. L., Wente, A., Bridgers, S., et al. (2017). Changes in cognitive flexibility and hypothesis search across human life history from childhood to adolescence to adulthood. Proceedings of the National Academy of Sciences of the United States of America, 114(30), 7892—7899.

Gotlieb, R., Jahner, E., Immordino-Yang, M. H., & Kaufman, S. B. (2016). How social-emotional imagination facilitates deep learning and creativity in the classroom. In R. A. Beghetto & J. C. Kaufman (Eds.), Nurturing creativity in the classroom (2nd ed., pp. 308—336). Cambridge: Cambridge University Press.

Grant, A. (2013). Give and take: A revolutionary approach to success. New York: Viking.

参考文献与资源

Grant, A. (2016, January 16). Why I taught myself to procrastinate. The New York Times.

Grant, A., & Sandberg, S. (2017). Option b: Facing adversity, building resilience, and finding joy. New York: Knopf.

Gross, J. J. (2015). Emotion regulation: Current status and future prospects. Psychological Inquiry，26(1), 1—26.

Gross, J. J., & Levenson, R. W. (1997). Hiding feelings: The acute effects of inhibiting negative and positive emotion. Journal of Abnormal Psychology, 106(1), 95—103.

Groth, A. (2013). SHERYL SANDBERG: Women need to get more comfortable with power.

Gruener, B. (2019, March 12). Empathy to the rescue [Blog post]. Character Strong.

Grunschel, C., Patrzek, J., & Fries, S. (2012). Exploring reasons and consequences of academic procrastination: An interview study. European Journal of Psychology of Education，28(3), 841—861.

Halifax, J. (2018). Standing at the edge: Finding freedom where fear and courage meet. New York: Flatiron Books.

Harmsen, R., Helms-Lorenz, M., Maulana, R., & van Veen, K. (2018). The relationship between beginning teachers' stress causes, stress responses, teaching behaviour and attrition. Teachers and Teaching，24(6), 626—643.

Harvard Business Review. (2019). To prevent burnout on your team, hold each other accountable.

Haughey, D. (2014). A brief history of SMART goals.

Herman, K. (2018). More than 9 in 10 elementary school teachers feel highly stressed, MU study finds.

Heyes, C. (2009). Where do mirror neurons come from? Neuroscience & Biobehavioral Reviews, 34(4), 575—583.

Hooker, T. (2020). Stories of happiness, emotional goals and identity in 21st century teachers [Thesis paper]. University of Waikato, Hamilton, New Zealand.

Howells, K. (2014). An exploration of the role of gratitude in enhancing teacher— student relationships. Teaching and Teacher Education, 42, 58—67.

Jaffe, E. (2013). Why wait? The science behind procrastination.

Janke, S., Nitsche, S., Praetorius, A., Benning, K., Fasching, M., Dresel, M., & Dickhauser, O. (2016). Deconstructing performance goal orientations: The merit of a dimensional approach. Learning and Individual Differences, 50, 133—146.

Jarvis, C. (2019). Creative calling: Establish a daily practice, infuse your world with meaning, and find success in work, hobby, and life. New York: HarperBusiness.

Jarvis, C. (2020). Build a life you love w/ Chris Guillebeau.

Jennings, P. A., & Greenberg, M. T. (2009). The prosocial classroom: Teacher social and emotional competence in relation to student and classroom outcomes. Review of Educational Research, 79(1), 491—525.

Juliani, A. (2013). Why "20% time" is good for schools.

Kabat-Zinn, J. (2018). Falling awake: How to practice mindfulness in everyday life. New York: Hachette Books.

Kaschka, W. P., Korczak, D., & Broich, K. (2011). Burnout: A fashionable diagnosis. Deutsches Ärzteblatt Int, 108(46), 781—787.

Kelchtermans, G. (2017). "Should I stay or should I go?" : Unpacking teacher attrition/retention as an educational issue. Teachers and Teaching，23(8), 961—977.

Kelley, T., & Kelley, D. (2013). Creative confidence. New York: Crown Publishing Group.

Keltner, D. (2012). The compassionate species.

Kleingeld, A., van Mierlo, H., & Arends, L. (2011). The effect of goal setting on group performance: A meta-analysis. Journal of Applied Psychology, 96(6), 1289—1304.

Klingsieck, K. B. (2013). Procrastination: When good things don't come to those who wait. European Psychologist, 18(1)，24—34.

Koller, J. R., & Bertel, J. M. (2006). Responding to today's mental health needs of children, families and schools: Revisiting the preservice training and preparation of school-based personnel. Education & Treatment of Children，29, 197—217.

Konnikova, M. (2016). How people learn to become resilient. New Yorker.

参考文献与资源

Kraft, H. (2020). Deep kindness: Practicing kindness in a world that oversimplifies it. New York: Tiller Press.

Kresser, C. (2017). Batching: A simple strategy for boosting brainpower and increasing productivity.

Krockow, E. (2018). How many decisions do we make each day? [Blog post]. Psychology Today.

Kross, E., Berman, M. G., Mischel, W., Smith, E. E., & Wager, T. D. (2011). Social rejection shares somatosensory representations with physical pain. Proceedings of the National Academy of Sciences of the United States of America, 108(15), 6270—6275.

Kuehn, P. D. (2013). Cultural coping strategies and their connection to grief therapy modalities for children: An investigation into current knowledge and practice.

Kunter, M., & Holzberger, D. (2014). Loving teaching: Research on teachers' intrinsic orientations. In P. W. Anderson, S. A. Karabenick, & H. M. G. Watt (Eds.), Teacher motivation: Theory and practice (pp. 83—99). New York: Routledge.

Lambert, N. M., Clark, M. S., Durtschi, J., Fincham, F. D., & Graham, S. M. (2010). Benefits of expressing gratitude: Expressing gratitude to a partner changes one's view of the relationship. Psychological Science，21(4), 574—580.

Lamott, A. (1995). Bird by bird: Some instructions on writing and life. New York: Anchor Books.

Lavy, S., & Bocker, S. (2017). A path to teacher happiness? A sense of meaning affects teacher-student relationships, which affect job satisfaction. Journal of Happiness Studies, 19, 1485—1503.

Levitin, D. (2014, August 9). Hit the reset button in your brain. The New York Times.

Li, Y., Hassett, A. L., & Seng, J. S. (2018). Exploring the mutual regulation between oxytocin and cortisol as a marker of resilience. Archives of Psychiatric Nursing, 33(2), 164—173.

Lieberman, M. D. (2015). Social: Why our brains are wired to connect. Oxford: Oxford University Press.

Locke, E. A., & Latham, G. P. (2002). Building a practically useful theory of goal setting and task motivation: A 35-year odyssey. American Psychologist, 57(9), 705—717.

Locke, E. A., & Latham, G. P. (2019). The development of goal setting theory: A half century retrospective. Motivation Science, 5(2), 93—105.

Lynch, J., Prihodova, L., Dunne, P. J., Carroll, A., Walsh, C., McMahon, G., et al. (2018). Mantra meditation for mental health in the general population: A systematic review. European Journal of Integrative Medicine，23, 101—108.

MacKay, J. (2019, March 20). Screen time stats 2019: Here's how much you use your phone during the workday [Blog post]. RescueTime.

MacKenzie, T., & Bathurst-Hunt, R. (2019). Inquiry mindset. La Vergne: Elevate Books Edu.

Madanes, C. (2016). The 6 human needs for fulfillment.

Mahmoodi-Shahrebabaki, M. (2016). The effect of perfectionism on burnout among English language teachers: The mediating role of anxiety. Teachers and Teaching，23(1), 91—105.

Malin, H. (2018). Teaching for purpose: Preparing students for lives of meaning. Cambridge, MA: Harvard Education Press.

Mansfield, C. F., & Beltman, S. (2014). Teacher motivation from a goal content perspective: Beginning teachers' goals for teaching. International Journal of Educational Research, 65, 54—64.

Mansfield, C., & Beltman, S. (2019). Promoting resilience for teachers: Pre-service and in-service professional learning. The Australian Educational Researcher, 46, 583—588.

Mansfield, C. F., Beltman, S., Broadley, T., & Weatherby-Fell, N. (2016). Building resilience in teacher education: An evidenced informed framework. Teaching and Teacher Education, 54, 77—87.

Mart, C. T. (2018). A passionate teacher: Teacher commitment and dedication to student learning. International Journal of Academic Research in Progressive Education and Development，2(1), 437—442.

Maslach, C., & Leiter, M. P. (2016). Understanding the burnout experience: Recent research and its implications for psychiatry. World Psychiatry, 15(2), 103—111.

Massimiliano, P. (2015). The effects of age on divergent thinking and creative objects production: A cross-sectional study. High Ability Studies，26(1), 93—104.

Matei, A. (2019). Shock! Horror! Do you know how much time you spend on your phone?

Matthews, D. (2019). Empathy: Where kindness, compassion, and happiness begin. [Blog post]. Psychology Today.

Matthews, G. (2015). Goal research summary. Paper presented at the 9th Annual International Conference of the Psychology Research Unit of Athens Institute for Education and Research (ATINER), Athens, Greece.

McDaniel, R. (2016, June 30). Goal-setter or problem solver? HuffPost.

McKibben, S. (2014). The two-minute relationship builder. Education Update, 56(7).

McQuaid, M. (2018, April 19). Could compassion fuel your success? [Blog post]. Psychology Today.

Meichenbaum, D. (2006). Resilience and posttraumatic growth: A constructive narrative perspective. In L. G. Calhoun & R. G. Tedeschi (Eds.), Handbook of posttraumatic growth: Research and practice (pp. 355—368). Mahwah, NJ: Lawrence Erlbaum Associates.

Mehta, M. (2013). Why our brains like short-term goals.

Michael, M. (2018a). Can you teach kindness and empathy? Actionable proven tips you can implement in your class starting today (with Barbara Gruener) [Audio podcast]. KindSight101.

Michael, M. (2018b). How to avoid educator burnout: Nourishing teacher well-being through mindful practice (with Lisa Baylis) [Audio podcast]. KindSight101.

Michael, M. (2018c). The five steps for teaching self-regulation and reducing flight, fight, freeze responses in the classroom (with Dr. Stuart Shanker) [Audio podcast]. KindSight101.

Michael, M. (2018d). How to overcome empathic burnout (with Dr. Rebecca Alber) [Audio podcast]. KindSight 101.

Michael, M. (2018e). The dark side of growth mindset (with Stefanie Faye Frank) [Audio podcast]. KindSight 101.

Michael, M. (2018f). What is school for (with Seth Godin) [Audio podcast]. KindSight 101.

Michael, M. (2019a). Five reasons kindness is hard and how to make it easy (with Houston Kraft) [Audio podcast]. KindSight101.

Michael, M. (2019b). How to be a connection ninja (with David Knapp-Fisher) [Audio podcast]. KindSight101.

Michael, M. (2019c). How to build trust in hostile environments (with Dr. Darryl Stickel) [Audio podcast]. KindSight101.

Michael, M. (2019d). How to magically connect with anyone (with Brian Miller) [Audio podcast]. KindSight101.

Michael, M. (2019e). Kindness, superheroes, and DNA (with Laurie McIntosh) [Audio podcast]. KindSight101.

Michael, M. (2019f). The Dope Educator (with David Jay) [Audio podcast]. KindSight101.

Michael, M. (2019g). The Kindness Ninjas (with Allie Apels) [Audio podcast]. KindSight101.

Michael, M (2019h). Choose to rise (with Janelle Morrison) [Audio podcast]. KindSight 101.

Miller, B. (2018). Three new people: Make the most of your daily interactions and stop missing amazing opportunities. All Things Publishing.

Miller, K., & McGowan, A. (2014). The new science behind early education [Blog post].

Mineo, D. L. (2014). The importance of trust in leadership. Research Management Review，20(1), 1—6.

Moeller, A. J., Theiler, J. M., & Wu, C. (2011). Goal setting and student achievement: A longitudinal study. The Modern Language Journal, 96(2), 153—169.

Molnar-Szakacs, I., Wu, A. D., Robles, F. J., & Iacoboni, M. (2007). Do you see what I mean? Corticospinal excitability during observation of culture-specific gestures. PLoS One，2(7), 626.

Moran, S. (2018). Purpose-in-action education: Introduction and implications. Journal of Moral Education, 47(2), 145—158.

Morisano, D., Hirsh, J. B., Peterson, J. B., Pihl, R. O., & Shore, B. M. (2010). Setting, elaborating, and reflecting on personal goals improves academic performance. Journal of Applied Psychology, 95(2)，255—264.

Moser, J. S., Schroder, H. S., Heeter, C., Moran, T. P.,& Lee, Y. H. (2011). Mind your errors: Evidence for a neural mechanism linking growth mind-set to adaptive posterror adjustments. Psychological Science，22(12), 1484—1489.

Nagoski, E., & Nagoski, A. (2019). Burnout: The secret to unlocking the stress cycle. New York: Ballantine Books.

Najavits, L. M. (2002). Seeking safety: A treatment manual for PTSD and substance abuse. New York: Guilford Press.

National Institute of Mental Health (2021). Mental illness.

Neff, K. (2011). Self-compassion: Stop beating yourself up and leave insecurity behind. New York: William Morrow.

Neff, K. (2021). The compassionate instinct.

Nesse, R. M., Bhatnagar, S., & Ellis, B. (2016). Evolutionary origins and functions of the stress response system. In G. Fink (Ed.), Stress: Concepts, cognition, emotion, and behavior (pp. 95—101). London: Elsevier Inc.

Oberle, E., & Schonert-Reichl, K. A. (2016). Stress contagion in the classroom? The link between classroom teacher burnout and morning cortisol in elementary school students. Social Science & Medicine, 159, 30—37.

O’Brien, J., Pearpoint, J., & Kahn, L. (2015). The path and maps handbook: Personcentered ways to build community. Toronto, ON: Inclusion Press.

Paulick, I., Retelsdorf, J., & Möller, J. (2013). Motivation for choosing teacher education: Associations with teachers’ achievement goals and instructional practices. International Journal of Educational Research, 61, 60—70.

Petriglieri, G. (2018). To take charge of your career, start by building your tribe.

Pfeffer, J., & Sutton, R. I. (1999). The knowing-doing gap: How smart companies turn knowledge into action. Boston: Harvard Business School Press.

Pink, D. H. (2009). Drive: The surprising truth about what motivates us. New York: Riverhead Books.

Pink, D. H. (2018). When: The scientific secrets of perfect timing. New York: Riverhead Books.

Piper, W. T., Saslow, L. R., & Saturn, S. R. (2015). Autonomic and prefrontal events during moral elevation. Biological Psychology, 108, 51—55.

Platek, B. (2008). Through a glass darkly: Miriam Greenspan on moving from grief to gratitude.

Poortvliet, P., & Darnon, C. (2013). Understanding positive attitudes toward helping peers: The role of mastery goals and academic self-efficacy. Self and Identity, 13(3), 345—363.

Porath, C. (2016). Mastering civility: A manifesto for the workplace. New York: Grand Central Publishing.

Porath, C. (2018). Why being respectful to your coworkers is good for business [Video file].

Robbins, M. (2017). The 5 second rule: Transform your life, work, and confidence with everyday courage. Boston: Mel Robbins Productions.

Rodriguez, T. (2013). Negative emotions are key to well-being.

Rosen, J. B., & Donley, M. P. (2006). Animal studies of amygdala function in fear and uncertainty: Relevance to human research. Biological Psychology, 73(1), 49—60.

Rowland, L. (2018). Kindness: Society's golden chain. The Psychologist, 31, 30—35.

Rubin, G. (2017). The Four Tendencies: The indispensable personality profiles that reveal how to make your life better (and other people's lives better, too). New York: Harmony.

Rubin, G. (2019). Outer order inner calm: Declutter and organize to make more room for happiness. New York: Harmony.

Rubin, R. S. (2002). Will the real SMART goals please stand up? The IndustrialOrganizational Psychologist, 39(4)，26—27.

参考文献与资源

Salzberg, S. (2014). Real happiness at work: Meditations for accomplishment, achievement, and peace. New York: Workman Publishing Company, Inc.

Sansone, R. A., & Sansone, L. A. (2010). Gratitude and well-being: The benefits of appreciation. Psychiatry, 7(11), 18—22.

Santoro, D. A. (2018). Demoralized: Why teachers leave the profession they love and how they can stay. Cambridge, MA: Harvard Education Press.

Schiefele, U., & Schaffner, E. (2015). Teacher interests, mastery goals, and selfefficacy as predictors of instructional practices and student motivation. Contemporary Educational Psychology, 42, 159—171.

Schwingshackl, A. (2014). The fallacy of chasing after work-life balance. Frontiers in Pediatrics，2(26).

Schonert-Reichl, K. A. (2017). Social and emotional learning and teachers. JSTOR，27(1), 137—155.

Schulte, B. (2014). Overwhelmed: Work, love, and play when no one has the time. New York: Sarah Crichton Books.

Seifert, K., & Sutton, R (2009). Educational psychology (2nd ed.). The Saylor Foundation.

Seligman, M. E. (2011). Flourish: A visionary new understanding of happiness and wellbeing. New York: Free Press.

Seppälä, E. (2017). The happiness track. New York: HarperCollins.

Seppälä, E., Bradley, C., & Goldstein, M. R. (2020). Research: Why breathing is so effective at reducing stress.

Seppälä, E., & Cameron, K. (2015). Proof that positive work cultures are more productive.

Shamay-Tsoory, S. G., Saporta, N., Marton-Alper, I. Z., & Gvirts, H. Z. (2019). Herding brains: A core neural mechanism for social alignment. Trends in Cognitive Sciences，23(3), 174—186.

Shanker, S. (2017). Self-reg: How to help your child (and you) break the stress cycle and successfully engage with life. Penguin Canada.

Shatté, A. (2015). 5 ways to cure chronic procrastination.

Shen, L. (2018). The evolution of shame and guilt. PLOS One, 13(7).

Shonkoff, J. P., & Garner, A. S. (2012). The lifelong effects of early childhood adversity and toxic stress. Pediatrics, 129(1)，232—246.

Simpson, W. K., & Pychyl, T. A. (2009). In search of the arousal procrastinator: Investigating the relation between procrastination, arousal-based personality traits and beliefs about motivations. Personality and Individual Differences, 47(8), 906—911.

Sinek, S. (2009). Start with why: How great leaders inspire everyone to take action. New York: Portfolio.

Sinek, S. (2014). Leaders eat last: Why some teams pull together and others don’t. New York: Penguin Group.

Sisgold, S. (2013, June 4). Limited beliefs: The buzz killer [Blog post]. Psychology Today.

Skinner, E., & Beers, J. (2016) Mindfulness and teachers’ coping in the classroom: A developmental model of teacher stress, coping, and everyday resilience. In K. A. Schonert-Reichl & R. W. Roeser (Eds.), Mindfulness in behavioral health. Handbook of mindfulness in education: Integrating theory and research into practice (pp. 99—118). Berlin: Springer-Verlag.

Slavich, G. M., O’Donovan, A., Epel, E. S., & Kemeny, M. E. (2010). Black sheep get the blues: A psychobiological model of social rejection and depression. Neuroscience and Biobehavioral Reviews, 35(1), 39—45.

Soon, C. S., Brass, M., Heinze, H., & Haynes, J. (2008). Unconscious determinants of free decisions in the human brain. Nature Neuroscience, 11(5), 543—545.

Stahl, A. (2018). Here’s how creativity actually improves your health.

Steel, P. (2011). The procrastination equation: How to stop putting stuff off and start getting things done. New York: Harper.

Summerville, A. (2019, March 21). Is comparison really the thief of joy? [Blog post]. Psychology Today.

Suttie, J. (2016). How to listen to pain: A Q&A with Brené Brown about her new book, Rising Strong.

参考文献与资源

Tay, L., & Diener, E. (2011). Needs and subjective well-being around the world. Journal of Personality and Social Psychology, 101(2), 354—356.

Tedeschi, R. G., & Calhoun, L. G. (1996). The posttraumatic growth inventory: Measuring the positive legacy of trauma. Journal of Traumatic Stress, 9(3), 455—471.

Thompson, J. (2012, September 9). Mimicry and mirroring can be good or bad [Blog post]. Psychology Today.

Thomsen, B. (Ed.). (2003). The man in the arena: The selected writings of Theodore Roosevelt; a reader. New York: Forge.

Tough, P. (2011, September 14). What if the secret to success is failure? The New York Times.

Umphrey, L. R., & Sherblom, J. C. (2018). The constitutive relationship of listening to hope, emotional intelligence, stress, and life satisfaction. International Journal of Listening, 32(1)，24—48.

Vandraiss, K. (2017, February 27). How perfectionism hurts you. SUCCESS.

Vengapally, M. (2019). Work-life balance is impossible: Here’s what to strive for instead.

Vesely, A. K., Saklofske, D. H., & Leschied, A. D. W. (2013). Teachers—the vital resource: The contribution of emotional intelligence to teacher efficacy and wellbeing. Canadian Journal of School Psychology，28(1), 71—89.

Vitale, J. L. (2011). Formal and informal music learning: Attitudes and perspectives of secondary school non-music teachers. International Journal of Humanities and Social Science, 1(5), 1—14.

Wadsworth, M. E. (2015). Development of maladaptive coping: A functional adaptation to chronic, uncontrollable stress. Child Development Perspectives, 9(2), 96—100.

Weingarden, H., Renshaw, K. D., Wilhelm, S., Tangney, J. P., & DiMauro, J. (2016). Anxiety and shame as risk factors for depression, suicidality, and functional impairment in body dysmorphic disorder and obsessive compulsive disorder. The Journal of Nervous and Mental Disease，204(11), 832—839.

Weze, C., Leathard, H. L., Grange, J., Tiplady, P., & Stevens, G. (2007). Healing by gentle touch ameliorates stress and other symptoms in people suffering with mental health disorders or psychological stress. Evidence-Based Complementary and Alternative Medicine, 4(1), 115—123.

Whillans, A. (2020). Time smart: How to reclaim your time and live a happier life. Boston: Harvard Business Review Press.

Whitbourne, S. K. (2018, January 9). A new way to understand procrastination [Blog post]. Psychology Today.

World Health Organization. (2017). Depression and other common mental disorders.

Wróbel, M. (2013). Can empathy lead to emotional exhaustion in teachers? The mediating role of emotional labor. International Journal of Occupational Medicine and Environmental Health，26(4), 581—592.

Yenigun, S. (2014). Play doesn’t end with childhood: Why adults need recess too.

Yin, H.-B., Chi-Kin Lee, J.-L., Jin, Y.-H., & Zhang, Z. (2012). The effect of trust on teacher empowerment: The mediation of teacher efficacy. Educational Studies, 39(1), 13—28.

Younger, R. (2019). Be, awake, create: Mindful practices to spark creativity. Oakland, CA: New Harbinger.

Zaki, J. (2016). Kindness contagion.